全民健身计划系列丛书

高尔夫球

范旭东／编著

吉林出版集团股份有限公司
全国百佳图书出版单位

图书在版编目（CIP）数据

高尔夫球 / 范旭东编著. -- 长春 : 吉林出版集团股份有限公司, 2020.12（2021.10重印）
（全民健身计划系列丛书 / 王晓亮主编）
ISBN 978-7-5581-9516-7

Ⅰ. ①高… Ⅱ. ①范… Ⅲ. ①高尔夫球运动—基本知识 Ⅳ. ①G849.3

中国版本图书馆CIP数据核字(2020)第251774号

GAO'ERFUQIU

高尔夫球

范旭东　编著

责任编辑　田　璐　朱万军
封面设计　张振东
版式设计　吉林国艺图书有限公司
责任印刷　王　起

出　　版　吉林出版集团股份有限公司
发　　行　吉林出版集团青少年书刊发行有限公司
地　　址　长春市福祉大路 5788 号
邮政编码　130118
电　　话　0431-81629800
传　　真　0431-81629812
印　　刷　永清县晔盛亚胶印有限公司
版　　次　2021 年 2 月第 1 版
印　　次　2021 年 10 月第 2 次印刷
字　　数　100 千字
开　　本　720mm × 1000mm　1/16
印　　张　8
书　　号　ISBN 978-7-5581-9516-7
定　　价　36.00 元

全民健身计划系列丛书

编委会

主 编

王月华　张　颖

副主编

方　方　范美艳

编 者

丁雪飞	于　洋	王小亮	王月华
王玞玥	王思臻	方　方	文博洋
丛广惠	白赞路	许沂铭	张　颖
张艳玲	张　月	张彦杰	张　楠
宋丽颖	苏雅娟	范美艳	唐　堃
董诗雨	董博宇	李　兵	吕国宏
杜　洋			

《高尔夫球》

编写人员

范旭东

前　言

党的十九大报告指出："广泛开展全民健身活动，加快推进体育强国建设。"当全民健身上升为国家战略后，日常参与健身的人群将日益扩大，大家将以各种方式强健体魄，获得感和幸福感油然而生。

面对这样可喜的局面，吉林出版集团股份有限公司青少年书刊出版发行事业部和吉林体育学院编写组共同策划、编写了"全民健身计划系列丛书"。

"全民健身计划系列丛书"能够顺应国家有关体育的大政方针，把握时代脉搏，对指导大众健身有很好的促进作用。丛书图文并茂，实用性强，力争有所创新，包括球类运动、体操健身运动、传统武术、体育舞蹈、休闲运动、格斗运动和民间体育活动等项目，通过高清图片分解健身步骤，使读者用简单易行的锻炼方式达到良好的健身效果。读者在学习的过程中，不仅能够掌握运动健身的方法，还能够学到保健方面的基本知识。

吉林体育学院的老师作为专业的体育工作者，把高等院校的理论资源转化为实践成果，使"全民健身计划系列丛书"更加具有权威性、科学性、实用性，也更贴近健身人群的需求。

希望本丛书能为社会各界热爱健身的人士提供指导与帮助。

目 录

1 第一章 概述

高尔夫的英文单词GOLF由GREEN(绿色)、OXYGEN(氧气)、LIGHT(光)和FOOT(步履)的第一个字母组成，高尔夫也就是在明媚的阳光下，呼吸着新鲜空气，在绿色的草地上用球杆把球击入洞中的游戏。高尔夫球运动是一项时尚、高雅的体育健身运动，它与网球、保龄球和台球并称为“世界四大绅士运动”。

第一节 起源与发展

高尔夫球被称为“贵族运动”，起源于15世纪的苏格兰，后来传入美洲、亚洲以及世界其他地区。现在这项运动拥有多项国际赛事，已成为颇受欢迎的世界性运动。

一、起源

苏格兰山地较多，气候湿润，特别适合牧草生长，在工业文明以前，这里是一望无际的牧场。当时的牧羊人在放牧休息时，喜欢玩一种用木板将石子击入兔子洞或其他洞穴中的游戏，这就是高尔夫球运动的雏形。

苏格兰地区冬季气候寒冷，人们每次出去打球时，总要带上一瓶烈性酒，每次发球前先喝一瓶盖酒。一瓶酒重18盎司(510克)，而一瓶盖酒正好重1盎司(28.35克)，打完18个洞，酒也喝完了。久而久之，很多人便认为打一场球必须打18个洞。

16 世纪，高尔夫球运动逐渐受到苏格兰上流社会的推崇，在王室的影响下，高尔夫球运动很快在苏格兰地区流行开来。

二、发展

高尔夫球运动很快传播到世界各地。世界性高尔夫球机构的设立以及各项赛事的举办，进一步推动了高尔夫球运动的传播与普及。

(一) 传播

1755 年“皇家高尔夫球俱乐部”，即现在的“苏格兰圣安德鲁斯皇家古老高尔夫球俱乐部”成立了。这个俱乐部对苏格兰高尔夫球运动，乃至世界高尔夫球运动的发展起到了巨大的推动作用，它参与制定了高尔夫球的运动规则。

从 18 世纪开始，高尔夫球运动传入北美洲。1795 年美国成立了第一家高尔夫球俱乐部，从此，高尔夫球运动在美国不断发展。第二次世界大战后，美国开始在这一项目上显示出强劲的实力，并树立了其在高尔夫球坛上的霸主地位。

19 世纪 20 年代，高尔夫球运动传入亚洲。20 世纪后期，亚洲的高尔夫球运动蓬勃开展起来，得到了很大的发展。1900 年，第二届奥运会把高尔夫球列为表演项目。

(二) 机构与赛事

1. 机构

国际高尔夫联合会 (IGF) 成立于 1958 年，原名为世界业余高尔夫球理事会，2003 年改名为国际高尔夫联合会。联合会致力于高尔夫球运动在国际上的发展，现有 110 多个协会会员。

中国高尔夫球协会于 1985 年成立。

2. 赛事

(1) 英国高尔夫球公开赛，每年一届。

(2) 美国高尔夫球公开赛，每年一届。

(3) 美国高尔夫球精英赛，每年一届。

(4) 美国职业高尔夫球协会锦标赛，每年一届。

(5) 世界高尔夫球锦标赛，每两年一届。

(6) 高尔夫世界杯赛，每年一届。

(三)发展趋势

1. 国内趋势

现代高尔夫球运动在中国的发展与世界高尔夫球运动相比显得相对缓慢和滞后。1896 年，中国上海高尔夫俱乐部成立，标志着这项已有几百年历史的运动进入了中国。1984 年，新中内地第一家高尔夫球俱乐部在广东中山诞生。此后北京及沿海地区陆续兴建了 30 多个高尔夫球场。1985 年 5 月，中国高尔夫球协会在北京成立。在之后的 20 多年里，高尔夫运动在中国经历了一个快速发展的时期。

高尔夫球运动在中国也得到了青少年的喜爱，竞技水平得到了飞速发展。中国青少年小年龄组(6 岁、8 岁、9 岁、10 岁)的选手们在美国圣地亚哥的比赛中获得一个年龄组的冠军、一个年龄组的亚军，还有一些大年龄组的孩子在国外训练。

高尔夫球运动对场地和器材的要求很高，以中国目前的经济发展水平，此项运动尚未全面普及。高尔夫球运动从平民中产生，本应属于大众健身活动，未来的中国将顺应国际发展潮流，把高尔夫球场建成高、中、低不同档次，以适应各类人群的需要。室内高尔夫球场模拟系统的诞生，可使众多普通人加入到高尔夫球运动的行列中来。

中国高尔夫球运动的领军人物当属张连伟。2003 年，在新加坡大师赛中,他获得2004年欧洲巡回赛的参赛资格。2004年,他受到邀请参加美国大师赛,并征战奥古斯塔国家高尔夫球俱乐部,开创了中国高尔夫球运动史的先河。

梁文冲则是大卫杜夫巡回赛上备受瞩目的亚洲球星之一。2007年,他如愿成为亚巡赛奖金王的球手,赢得全亚洲高尔夫球界的最高荣誉。

2. 国外趋势

在欧美国家,高尔夫球运动十分流行,特别是室内高尔夫球运动的出现使得更多的人有机会参与其中,这进一步推动了高尔夫球运动的普及。全世界约有0.77亿人打高尔夫球,共有3万多家球场,分布在119个国家和地区,其中,美国拥有的高尔夫球场占全球高尔夫球场总数的59%;欧洲占19%,亚洲占12%,其他国家占10%。第二次世界大战后,美国在这一项目上显示出强劲的实力,并树立了其在高尔夫球坛上的霸主地位。从1945年到1970年间,其高尔夫球场数量从原来的0.6万家激增至1.2万家。目前,美国拥有2万多家高尔夫球场,数量居世界第一。

第二节 场地、器材和装备

高尔夫球运动的器材和装备都比较昂贵。在不同的场地，使用不同的球杆，打出的球速度和方向都不同，所以高尔夫球运动对场地、器材和装备的要求比较高。

一、场地

高尔夫球场是一个体育运动场所，但高尔夫球场又与其他体育运动场所不同，没有一个统一的规划设计标准和尺码。从园林景观专业的角度来说，高尔夫球场规划设计是一个大地景观艺术设计。从高尔夫球场管理专业的角度来说，高尔夫球场就是一块高水准的草坪绿地，它需要精心培育和修剪养护，需要施肥、灌溉、防治病虫害。

高尔夫球场是由草地、湖泊、沙地和树木等自然景物构成，经球场设计者精心设计而展现在人们面前的艺术品。一个标准的高尔夫球场一般由18个球洞组成，长度为5000～7000米。按照球场内部区域和功能的不同，高尔夫球场通常可以分为三个主要区域：会所区、球道区和草坪管理区，这三个区域在管理上相互独立，在功能上又相辅相成。

会所区是高尔夫球场各部分的桥梁和纽带，承担着球场的娱乐和社交功能，是高尔夫球运动的基础。经过几个世纪的演变，高尔夫球场的会所已经由原来以木板架存放俱乐部会员的球具为基本功能的服务区发展为综合性的娱乐、餐饮和管理的中枢。

球道区是整个球场的主体部分，球场上95%的面积是由球道构成的。球道区可以说是球场上最富有变化的区域，也是最能体现设计师设计才华的地方。球道区最基本的单元就是球道，标准的高尔夫球场总共由18个不同的球道组成。这些球道的形状和大小虽然没有统一的规定和标准，但其基本组成部分一致，均是由发球台、沙坑、水障碍区、高草区以及果岭几部分组成。

草坪管理区是进行草坪试验的区域，也是球场里面存放日常维护管理机械和物资的区域。位置一般设在球场内有利于对球道区进行保养维护的区域，同时又方便和其他区域联系。草坪管理区一般设有机械操作组、果岭维护组、园林组、喷灌组和设备维修组等部门，分别负责不同的球场工作。

1. 发球台

发球是高尔夫球手挥击第一杆的发球区域，因这块区域一般高于球道，呈台状，故称为发球台。在高尔夫球场发展早期，发球台是一块长方形的台地。由于这种简单图形要出现18次，显得单调乏味。因此，各种形状和大小的发球台以及曲线流畅的发球台开始出现，现在最常用的形状是近似圆形、椭圆形、长方形、正方形、L形等，单个独立或者多个连体，这样为球员提供了更多的选择，使球员可以交替使用不同的发球台，也为发球台的管理维护提供了便利。

一个洞的发球台一般是3～5个，多的可达到7～8个。

从第一个到距果岭最近的一个分别是：职业选手发球台或后发球台、男子发球台和女子发球台，其中男子发球台由两块组成。不同的发球台用不同颜色的标识表示，分别有蓝、白、黄、红4种颜色。

2. 球道

球道指的是连接发球台和果岭之间的草坪区域，是球道区最基本的组成单位。球道也是最能体现球场风格的地方，形状和长度各不相同。球道的形状一般狭长，还有左拐或者右拐的狗腿洞以及令球员备感轻松的笔直型球道。依据球道的长度分为三杆洞、四杆洞和五杆洞三种类型。球道长度的概念是指从后发球台中心到果岭中心的水平距离，下表列出了不同长度球洞的划分标准。

标准杆与球道长度表

标准杆	男子	女子
3	0 < 250码（229米）	< 210码（192米）
4	251~470码（230~430米）	211~400码（193~366米）
5	471码（430米）以上	401~575码（367~526米）

3. 沙坑

在高尔夫球场中，沙坑是四周被草坪围绕，中间有沙子覆盖的凹陷地。依据沙坑在球道中的位置不同，沙坑分为两类：即果岭沙坑（也叫护卫沙坑）和球道沙坑。

果岭沙坑布置在果岭的周围，其作用一是惩罚，二是保护，三是美观，因此果岭沙坑根据作用不同分别被称为惩罚性沙坑、保护性沙坑和装饰性沙坑。在同一个果岭，沙坑的这三种作用也并不是截然分开的，一个果岭沙坑可以同时具有惩罚、保护和装饰的作用。

球道沙坑布置在球道两侧或者中间，大部分布置在落球区附近，其作用为：指示、惩罚、战略、隔离和美学等。

无论球道沙坑还是果岭沙坑，数量、大小或面积、深浅、样式等并没有严格的规定，完全依照功能作用和设计师的美学思想设计制作。沙坑的形状一般有锅底形、线虫形、自由形等。一个标准 18 洞的高尔夫球场，沙坑的数量一般有 40 ～ 70 个。

4. 水障碍

高尔夫球场中，除大面积的球道、果岭、发球台以及沙坑以外，一般还有较大面积的水域。球场中包含水域的来源可能与高尔夫球运动起源于苏格兰海滨有关，那里有明媚的阳光、被羊群啃噬而低矮的草地、蔚蓝色的海水，还有被海风吹起草地而形成的星星点点的沙坑，一幅天然高尔夫球场的场景。

球场中的湖面、池塘、河流、小溪、沼泽地或其他开阔水面等影响打球的地方，不管其中是否有水，都被称为水障碍。现代高尔夫球场中，水障碍应用得较多，特别是内陆球场中，一般都建造一些人工湖面以增加球场的景观效果。

球场中的水障碍类型主要有下面几种：

水域与球道相邻，即水边型球道；水域惩罚性球道；水域战略性球道；发球台水域障碍球道；水域冒险性球道。

5. 高草区

高草区在高尔夫球场规则中没有专门的定义，是球场中除发球台、球道、沙坑、水障碍和果岭外的其他区域的统称，一般位于球道区的两侧、发球台和果岭的后部。草的高度要比球道里面的草的高度高一倍以上，球一旦落入该区域，非常难找并且不容易将其打出。有的高草区内会种植树木，是设计师进行球场树木景观布置的重要区域。

6. 果岭

果岭是设置球洞和放置球杯的一块特殊的草坪区域，也是推杆入球洞的地方。草坪是高尔夫球场的生命，而果岭则是草坪中最重要和最细致的地方。果岭质量的好坏往往决定了高尔夫球场的等级，球手判定球场好坏的出发点往往都是看果岭的好坏。

果岭位于球道的终端，通常是由推球面、果岭环（又称果岭裙）、岭围三部分组成。

推球面是果岭上面的推球区域，相当于一般意义上的果岭，球洞就位于这个区域。通常为圆形或近圆形，面积为279～1115平方米，大部分果岭的面积为500～700平方米。推球面积的大小往往依据以标准杆数击球时，将球击上果岭时击球点与果岭的距离，距离越远，则果岭的面积就越大。

果岭环是环绕在推球面边缘的一个宽度为1～2米的环形区域，其修剪高度介于球道和果岭草之间，一般为1～1.5厘米。在果岭环上面可以用推杆来击球，也可以用切杆来切球，可以这样认为，果岭环实际上是球道草和果岭草之间的过渡区域。

位于果岭环前方，连接岭环和球道的区域称为“岭围”。岭围其实是球道的延伸，其草坪修剪高度与球道草的高度一样。位于岭环两侧及后缘岭环之外的区域称为果岭周区，这部分也往往被看作高草区的一部分。

根据地形，设计师常尽力设计出多种多样的果岭，使球场更为出色。较为常见的果岭种类有：

炮台式果岭：果岭位于高台之上，高出四周的地面。

岛形果岭：果岭被水或沙坑围绕，犹如一座孤岛，极富挑战性。

双层果岭：两个果岭连成一体，也可以认为是一个大的果岭。两个果岭可以交替使用，使其得到充分维护。

龟背式果岭：果岭的中间部分高于四周，周围有明显的斜坡，类似乌龟的背壳，通常在斜坡处设置沙坑或洼地。

二、器材

高尔夫球运动的器材包括球和球杆。好的器材能够帮助球手打出理想的球，所以初学者应了解球和球杆的相关知识。

（一）球

高尔夫球质地坚硬，富有弹性，多数为白色。球的重量不得超过50克，直径不得小于4.3厘米，球体完全对称。见图1-2-1。

图 1-2-1

（二）球杆

高尔夫球杆由杆头、杆身、杆把三部分组成。杆头是实际击球的位置。球杆分为不同的号码，号码越大，杆身越短，杆头倾斜角度越大，击球越高，打出的距离相对较短。在高尔夫球比赛中，每名球手被允许最多可以带 14 支球杆上场，这些球杆各不相同，击球效果也不同，适合的高度和距离也不一样。球手可根据将球击远、击近、击高的不同需要分别使用不同倾斜度的球杆。高尔夫球杆可分为木杆、铁杆、推杆三大类，每类又包括不同用途的各种型号。见图 1-2-2。

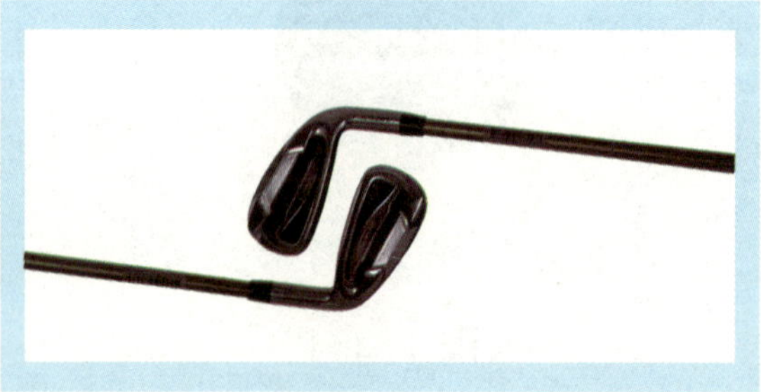

图 1-2-2

1. 木杆

因传统木杆顶端击球部分为木质而得名，主要用于开球，根据木杆长度分为1号、2号、3号、4号、5号，击远距离球通常使用木杆。木杆的特点是杆身长，杆头较轻，便于挥杆。1号木杆最长，杆面与地面垂线的距离最小，击球距离最远，一般在发球时使用；2～5号木杆根据距离和球所在的位置加以选用。木制杆头由于柿子树的减少而日益珍贵，金属材料杆头逐渐取而代之。由于碳铁、钛金属具有材质轻、硬度高的特性，故逐渐流行于市场。一般来说，木质杆头的击球甜蜜点较小，可加强对球的控制，精确度高，击球距离较近，但易产生误击；而金属杆头重量分布较木质杆头更靠近边缘而有较大的甜蜜点，因此不易出现误击。

2. 铁杆

一般有12根，分别为1号至12号，其中除1号至9号铁杆外，还有一根用于近距离劈起击球的劈起杆，一根用于沙坑中击球的沙坑杆和一根用于在果岭上推球入洞的推杆。铁杆易于保持击球的方向性和落点准确。铁杆击球部分用软铁制造，其底部比木杆底部要小，也不像木杆那样厚、长度短。加之铁杆重量较重，因此挥杆角度更佳，更易将草皮掀起。打高尔夫球主要靠使用长短不一的球杆控制击球距离和高度。

2号、3号、4号铁杆称为长铁杆，杆长且重，击球距离远，不易掌握。5号、6号、7号铁杆称为中铁杆，击球较高，球落地后尚能滚动一段距离。8号、9号铁杆为短铁杆，常在近距离和不易击球的球位上及深草中使用。1号铁杆一般很少采用。铁杆制造分锻造和铸造两种，优秀职业球手一般喜欢选用手工锻造的杆面球杆，而铸造铁杆则按“周边加重”原理加重外缘以有较大的甜蜜点，初学者应选择此类铁杆。

3. 劈起杆

杆头与地面角度较大，主要用于果岭周围。在地形条件复杂或球与球洞之间有沙坑、水面障碍或树木等障碍时，用此杆可将球高高打起，使球能够越过障碍落在果岭上。此杆也常常用来打击 90 米以内的近距离弹道球。

4. 沙坑杆

杆头与地面角度最大，杆头底面重，杆面底缘锋锐，以便将球杆头切入沙内，将力量通过沙传递给球，使球飞起。主要用来打果岭附近沙坑内的球，也用来将深掩在高草区中的球打上果岭，或将位置较果岭很低的球打上果岭。

5. 推杆

推杆是在果岭上推球入洞的专用球杆。当球打上果岭后或离球洞较近，地面较平整时，球手用推杆击球入洞。推杆杆身较短，杆面倾角最大不超过 6 度，其形状与材质也多种多样。

6. 球杆的性能

标准木杆和铁杆都是角度增加一号，球杆就短半英寸（约 1.27 厘米），杆头击球面角度增加 3 度。随着杆头的击球面角度的增加，球相应地逐渐向高飞，而距离则依次缩短 10 码（约 9 米）。1 码约等于 0.9144 米。

球杆击球面角度：为把球往高里打的球杆击球面的角度。球杆和地面角度：把杆头平放地面时，杆身与地面的角度。

球杆名称和飞行距离

球杆种类	名称	杆身长度	击球面角度	击球距离
1号木杆	Driver	42.5英寸（约1.079米）	11	230~250码
3号木杆	Spoon	41.5英寸（约1.054米）	17	220码
5号木杆	Cleek	40.5英寸（约1.028米）	23	190~200码
3号铁杆	Mid Mashie	38.0英寸（约0.965米）	23	190码
4号铁杆	Mashie Iron	37.5英寸（约0.952米）	26	180码
5号铁杆	Mashie	37.0英寸（约0.939米）	29	170码
6号铁杆	Spade Mashie	36.5英寸（约0.927米）	33	160码
7号铁杆	Mashie Niblick	36.0英寸（约0.914米）	37	150码
8号铁杆	Ditching Niblick	35.5英寸（约0.901米）	41	140码
9号铁杆	Niblick	35.0英寸（约0.888米）	52	130码
沙坑杆	Sand Wedge	35.0英寸（约0.888米）	56	80码
劈起杆	Pitching Wedge	35.0英寸（约0.888米）	50	110码

三、装备

(一)服装

高尔夫球运动不仅是一项体育运动，也是一种高雅的社交活动。早期的球手打球要穿燕尾服，着长筒靴。随着社会的发展，服饰规定没有那么严格了，可是一些基本的规定还是流传下来，形成了现在高尔夫球运动着装的基本守则，如上衣要有领子，穿短西裤要穿长袜。通常高尔夫球服装分为上衣和裤子两部分。上衣一般是长袖或短袖的有领运动衫，裤子（不论长短）是纯棉或棉毛的西裤和便装裤。现代高尔夫球运动着装一般为：男士在打球时穿“V”领 T 恤，下配合身休闲裤，宽松不紧绷；女士的上衣装扮与男士相近，裤子则可以改穿短裤。雨天可以穿特制的雨衣。穿着要舒适得体，整洁干净，衣服应宽松，使身体能充分舒展，不能妨碍挥杆和推杆动作。衣料最好质地柔软而且吸汗能力强。见图 1-2-3。

图 1-2-3

(二)鞋

高尔夫球鞋用皮革制成，鞋底上带有鞋钉或小的橡胶头。穿这种鞋打球主要有以下作用：

1. 增强击球站位的稳定性，有利于保持身体平衡，更合理地完成击球动作。

2. 皮革面可以防雨和露水，在潮湿积水的地面可以起到防滑的作用，同时，行走时也可以节省体力。

3. 在打高尔夫球时，鞋底钉子扎出的洞，有利于草根部呼吸空气，起到保护草皮的作用。见图 1-2-4。

图 1-2-4

(三)手套

高尔夫球手套用质地柔软、手感较好的皮革或布料制成。打高尔夫球戴手套的主要目的如下：

1. 在手掌握住球杆时填满手与握杆间的空隙，使手与球杆轻松而牢固地连成一体。

2. 更舒适地握紧杆把，避免球杆击球时震动摩擦手掌，影响手感。

3. 防滑，由于握杆时以左手用力为主（击球时向右后引杆者），故一般用左手戴手套，反之则相反。但也有人两手都戴手套。天气潮湿寒冷时，球手击球间隙会佩戴人造纤维制造的连指手套，以使手保持暖和、干燥。

（四）帽子

帽子在高尔夫球运动中是不可缺少的用品之一。由于比赛是在光线充足的户外，太强的阳光会妨碍球手的视线，影响击球，甚至会晒伤球手，因此在太阳光底下打球应戴太阳帽；而在下雨天打球应戴防雨帽。

（五）雨衣

高尔夫球雨衣和雨裤由轻便耐用的合成纤维制成，轻便、宽松，既能吸汗，又能防水。

（六）伞

在高尔夫球比赛中，一把大的高尔夫球伞通常是很有用的，不仅可以遮挡雨，还有其他多种用途。在打雷或闪电时，使用玻璃纤维伞相对安全，而且这种伞比较结实和轻巧。

（七）球包

球包是装球杆的袋子，可装得下全套的球杆和其他装备，如衣服、球座、球、球鞋、雨伞、毛巾等用品，也常携带一些小物件，包括标记、记分卡、铅笔、清球器和练习用的空心球。球包可扛在肩上或将其放在推车上。球手多根据自己的身高、体重、球杆数进行选购。

2 第二章 运动保健

体育运动对增强体质、预防疾病和促进人体健康具有良好的作用。但是，并非所有人做相同的运动都会达到同样的效果。对于同一种运动负荷，不同的人机体反应差异很大。即使是同一个个体，在不同时期、不同机能状态下，对同一负荷的反应及收到的效果也是不一样的。因此，对于不同个体，应制定适合其机能需要的运动强度、时间、频率和持续周期。从事体育锻炼一定要讲究科学性，使机体最大限度地获得运动价值，使某些疾病得到有效的防治或祛除。

第一节　自我身体评价

自我身体评价是指根据个体的不同情况，以及简单的功能评定标准，对锻炼者进行身体评价，并以此为依据，确定具体的锻炼内容。

一、适宜人群

体适能是全身适应性的一部分，是人体对现代生活的适应能力。为了促进健康、预防疾病、提高生活质量和工作学习效率，几乎所有人都可以追求健康体适能，而且经过简单的评价和测试，均可以成为目标人群，即适宜人群。

（一）健康体适能评价标准

健康体适能是指身体有足够的活力和精力处理日常事务，不会感到过度疲劳，并且还有足够的精力去享受休闲活动或应付突发事件。

健康体适能是确定锻炼者是否为运动适宜人群的主要依

据。目前的评价标准主要包括国民体质测定标准、学生体质测定标准和普通人群体育锻炼标准等。

国民体质测定标准主要包括形态指标、机能指标和素质指标3部分，各项指标的测定结果为1～5分，共5个级别。凡各项指标达不到4分或5分者，均应纳入健身人群。

学生体质测定标准分为优秀、良好、及格和不及格4个级别。优秀水平以下者，均应被纳入健身人群。

普通人群体育锻炼标准分为5个级别，凡达不到4分或5分者，均应纳入健身人群。

（二）简易运动功能评定

简易运动功能评定的目的在于确定锻炼者有无运动禁忌症或临时运动禁忌，即是否适合参加体育锻炼，以防万一，避免意外事故发生。目前通行的方式为3分钟踏台阶测试。

1. 目的

测试锻炼者运动后心率恢复情况，以评估其心肺功能。

2. 器材

30厘米高的长凳、节拍器、秒表和时钟。见图2-1-1。

3. 步骤

(1) 节拍器设定为每分钟96次，测试者依“上上下下”的节拍运动3分钟，每次踏上台阶应达到直膝，而且先踏上的脚先落下。

(2) 测试者完成3分钟踏台阶后，5秒钟内开始测量脉搏，时间为1分钟，记录下心率，并依据表2-1-1评价功能水平。

(3) 运动后心率越低，证明心肺功能越好，在运动强度允许的范围内，锻炼者可选择运动强度的较高值来进行运动。

4. 注意事项

如测试者经过努力仍无法达标，或出现头晕、胸闷、出冷汗等症状，应立即终止测试。运动中应特别考虑运动强度，以防止出现意外。

图 2-1-1

表 2-1-1（单位：次 / 分钟）

	年龄（岁）	欠佳	尚可	一般	良好	优异
男士	18~25	>115	105~114	98~104	89~97	<88
	26~35	>117	107~116	98~106	89~97	<88
	36~45	>119	112~118	103~111	95~102	<94
	46~55	>122	116~121	104~115	97~103	<96
	56~65	>119	112~118	102~111	98~101	<97
	65+	>120	114~119	103~113	96~102	<95
女士	18~25	>125	117~124	107~116	98~106	<97
	26~35	>128	119~127	111~118	98~110	<97
	36~45	>128	118~127	110~117	102~109	<101
	46~55	>127	121~126	114~120	103~113	<102
	56~65	>128	118~127	112~117	104~111	<103
	65+	>128	122~127	115~121	101~114	<100

二、锻炼目标

锻炼目标应根据锻炼者不同的身体状况来确定，可分为近期目标和远期目标。此外，确定锻炼目标还应结合锻炼者的运动意向、愿望、兴趣，以及本人的健康状况等因素来进行。

（一）近期目标

近期目标是指锻炼者初期应达到的目标。在进行运动前，应首先明确锻炼目标，即近期目标。选择一两个健康体适能构成要素，作为未来两个月内努力完成的目标，而且应从成功概率较高的构成要素开始，并将预期两个月后要达到的目标做上记号，如提高某个或某些关节的活动幅度，增强某块肌肉或某肌肉群的力量等。

（二）远期目标

远期目标是指锻炼者最终要达到的目标。实践证明，经过科学合理的锻炼，锻炼者是可以达到一般的远期目标的，如提高心肺功能，使其达到优秀的等级，或达到降血脂和防治高血压、冠心病的目的等。

三、运动负荷

运动负荷即运动量。怎样控制运动量、合适的运动时间是多少等，一直是有争议的问题。但有一点是可以肯定的，任何的意见和建议，都需要综合考虑锻炼者的身体状况和所要达到的目标，并以此为依据来制订科学的身体锻炼计划。

(一)运动强度

在运动过程中，运动强度过小，无法达到锻炼效果；运动强度过大，不仅达不到最佳的锻炼效果，还可能产生一些副作用，甚至出现意外事故。确定运动强度有两种方法，即心率简易推测法和主观感觉疲劳分级表推测法。

1. 心率简易推测法

(1) 年龄在 20 岁左右的年轻人，身体健康，能坚持体育锻炼，欲进一步提高身体机能，可取最大心率值（最大心率值=220- 年龄）的 65% ～ 85%。

(2) 年龄在 45 岁以下，身体基本健康，有运动习惯者，开始进行健身锻炼,可取最大心率值的 65% ～ 80%；没有运动习惯者，开始进行健身锻炼，可取最大心率值的 60% ～ 75%。

(3) 年龄在 45 岁以上，身体基本健康，有运动习惯者，开始进行健身锻炼，可取最大心率值的 60% ～ 75%；没有运动习惯者，建议根据自身情况咨询专业人员来指导和确定运动强度。

2. 主观感觉疲劳分级表推测法

运动的疲劳程度大致分为 10 级，具体为：0 ～ 1 级，没感觉；2 ～ 3 级，尚轻松；4 ～ 5 级，稍累；6 ～ 7 级，累；8 ～ 9 级，很累；10 级，精疲力竭。因此，健身锻炼的运动强度应控制在主观感觉疲劳程度的 4 ～ 7 级之间。

(二)运动频率

运动频率是指每日及每周锻炼的次数。一般每周锻炼 3 ～ 4 次，即隔日锻炼 1 次即可。充足的休息时间可使机体得到充分的休息，能收到更好的锻炼效果。

(三)运动持续时间

运动强度和运动持续时间决定了一次锻炼的运动量和热量消耗。运动持续时间与运动强度成反比，运动强度大，运动持续时间可相应缩短；运动强度小，则运动持续时间相应延长。一般的健身锻炼，运动持续时间以每天 20 ～ 60 分钟为宜，其中包括准备活动时间、健身锻炼时间和整理活动时间。每次健身锻炼应在 20 分钟以上，锻炼可一次性完成，也可分段进行，但每段活动时间应在 10 分钟以上。

第二节 运动价值

运动价值是人们一直在探讨的问题。一般认为，运动具有两个方面的价值，即健身价值和心理价值。身体和精神的健康是相互依存的，伴随着身体功能的改善，精神状况也能同时得到改善。

一、健身价值

健身价值在于提高体适能。体适能包括心肺耐力素质、肌肉力量素质、柔韧性素质和身体成分等。体适能的发展是积极从事锻炼的结果，只有规律性的体育锻炼才能达到最佳的体适能。

（一）提高心肺耐力素质

心肺耐力是指全身肌肉进行长时间运动的持久能力，是体内心肺系统对身体各细胞的供氧能力。人体的心脏、肺、血管、血液等组织的功能是心肺耐力的基础，与氧气和营养物质的输送以及代谢物的清除有关。健全的心肺功能是健康的基本保证。

系统的体育锻炼，可以使心肌增厚，收缩力加强，心室容积增大，从而使心脏的泵血功能增强，表现为心血输出量增加，心脏的能力得到提高。

系统的体育锻炼，也可使呼吸系统机能得到提高，表现为呼吸肌力量增强，肺活量、肺通气量明显增加，呼吸系统的工作能力提高，同时还提高了向机体供氧的能力。

系统的体育锻炼，可以促进血管系统的形态、机能和调节能力，提高机体的工作能力。

系统的体育锻炼，可以使血液系统产生某些适应性变化，如血容量增加、血黏度下降、红细胞膜弹性增强、红细胞变形能力增强等。

（二）提高肌肉力量素质

肌肉力量是指肌肉最大收缩产生的对抗阻力或负荷的能力。肌肉力量只有达到一定程度，才能克服外界阻力，而克服外界阻力是维持日常生活自理能力，从事各种劳动和运动的必要前提。

系统的体育锻炼，可以提高肌肉的生理横断面积，改善神经系统对肌肉收缩的支配功能，还可以提高肌肉内代谢物质的储备量，以有效地提高肌肉质量，使肌肉力量得到提高。

（三）提高柔韧性素质

柔韧性是指人体各关节的活动幅度，即关节的肌肉、肌腱和韧带等软组织的伸展能力。柔韧性对于保证正常生活质量、维持正常体态、预防损伤发生和减轻损伤程度等方面均起着至关重要的作用。

通过系统的体育锻炼，可以延缓因年龄因素而导致的身体柔韧性下降，预防因缺乏运动而导致的关节结构、周围软组织和膝关节肌肉退化，从而使锻炼者在日常生活、劳动和运动时充满活力。

（四）改善身体成分

身体成分是指人体体重中的脂肪组织和去脂组织的重量百

分比。身体成分中的脂肪成分增加，肌肉成分必然下降。身体中不具备收缩功能的脂肪组织增加，必然导致身体进行各种活动的能力下降、基础代谢水平降低和肥胖症、冠心病、高血压、糖尿病、高血脂等慢性疾病发病率的升高。因此，合理的身体成分是保证人体健康的重要内容之一。

系统的体育锻炼可以使锻炼者的体质得到增强，这样，热量消耗便会随之增加，进而燃烧体内多余的脂肪，使身体成分得到改善。而身体成分的改善，又可以减少体重对关节带来的不利影响,还可以使肥胖者的心理状况得到改善,增强其自信心，逐步建立健康的生活方式。

二、心理价值

研究证明，体育锻炼不但可以使锻炼者增强体质、促进身体健康、预防慢性疾病，还可以提高锻炼者的生活满意度和生活质量，对其心理健康产生明显的积极影响。

体育锻炼的心理健康效应主要表现在以下6个方面：

（一）改善情绪状态

1. 短期效应

研究发现,体育锻炼对人的情绪状态具有显著的短期效应。运动后人们的焦虑、抑郁、紧张和心理紊乱程度显著减轻，而精力和愉快程度则显著增强。这种情绪的迅速变化，与锻炼者个体的健康状况、活动形式和活动强度等有直接的联系。

2. 长期效应

体育锻炼对人情绪的长期效应有直接影响，与不锻炼者相比，有规律的锻炼者在较长时期内很少会产生焦虑、抑郁、紧张和心理紊乱等情绪。

（二）完善个性行为特征

人的行为特征一般可以分为两种类型，用A型行为特征和B型行为特征来表示。A型行为特征主要表现为性情急躁、争强好胜、容易激动、整天忙碌等；B型行为特征主要表现为不好竞争、不易紧张、不赶时间、待人随和、喜欢自由自在等。具有A型行为特征的人由于过度紧张的情绪反应，会引起内分泌失调，增加心脏病发病的概率。目前的一些研究主要集中在体育锻炼对改变A型行为特征的作用方面。研究结果表明，有规律的体育锻炼能明显改变A型行为特征，使其发生显著的积极变化。见表2-2-1。

表2-2-1 A、B型行为特征表现

A型行为特征者常见表现	B型行为特征者常见表现
约会从来不迟到	对约会很随便
竞争意识很强	竞争意识不强
别人要讲话时总爱抢先或插话	别人讲话时是很好的听众
总是匆匆忙忙	即使有压力也从不匆忙
等待时缺乏耐心	能够耐心等待
做事全力以赴	处事漫不经心
同时想做很多事	在一定时间里只做一件事情
讲话喜欢加重语气，甚至敲桌子	讲话语速缓慢、不慌不忙
做了好事希望能得到别人的承认	只要自己满意即可，不管别人怎么想
吃饭、走路都很快	没什么业余爱好
不善与人相处	为人随和
容易暴露自己的情感	能控制自己的感情
具有广泛的兴趣	满足于目前的工作和学习状况
胸怀雄心壮志	做事情很慢

（三）确立良好的自我概念

自我概念是指个体对自己身体、思想和情感的主观整体评价，由许多自我认识组成，包括我是什么人、我主张什么和我喜欢什么等。

坚持体育锻炼，可以使锻炼者体格强健、精力充沛、提高驾驭身体的能力，从而改善对自身的满意程度，确立良好的自我概念。

（四）改变睡眠模式

根据脑电图显示，人的睡眠可以分为两种状态，即慢波睡眠状态和快波睡眠状态，前者为浅度睡眠状态，后者为深度睡眠状态。一夜之间两种睡眠状态会交替发生 4 ～ 5 次。

有规律的体育锻炼不仅对慢波睡眠有改善作用，而且能缩短入眠的潜伏期，延长睡眠时间。

（五）改善认知能力

体育锻炼还能改善人的认知过程，避免反应时间过长、注意力不集中和思维混乱等症状的发生，尤其对老年人认知能力的改善效果更为明显。

（六）增强心理治疗效应

体育锻炼被公认为是心理治疗的好方法。目前，人群中常见的心理疾病是抑郁症和焦虑症。研究发现，体育锻炼是治疗抑郁症的有效手段之一。抑郁症患者经过有规律的体育锻炼，能显著减轻症状。

体育锻炼还具有治疗焦虑症的作用，通过有规律的体育锻炼，锻炼者的焦虑症状可以得到明显缓解。

第三节 运动保护

在运动过程中，人体机能会随时发生变化。因此，应针对这个特点来进行体育锻炼，也就是我们所说的运动保护。运动保护一般包括运动前准备、运动后放松和自我养护3个方面。

一、运动前准备

准备活动是指在正式运动之前进行的有目的的身体练习。做好充分的准备活动，可以缩短机体进入最佳状态的时间，同时还可以预防运动损伤的发生，为机体发挥最大的工作效率做好功能上的准备。

(一)准备活动的作用

1. 提高中枢神经系统兴奋状态

(1) 使大脑反应速度加快，参加活动的运动中枢神经间相互协调。

(2) 为正式运动时生理机能达到适宜程度提前做好准备。

2. 提高机体代谢水平

(1) 准备活动可以使锻炼者体温升高，降低肌肉黏滞性，使肌肉的伸展性、柔韧性和弹性增强，从而有效预防运动损伤的发生。

(2) 准备活动可以增强体内代谢酶的活性，使物质代谢水平提高，以保证运动时有较充分的能量供应。

3. 克服内脏器官生理惰性

(1) 准备活动可以提高心血管系统和呼吸系统的机能水平，使肺通气量及心血输出量增加。

(2) 可以使心肌和骨骼肌的毛细血管扩张，使其工作肌获得更多的氧，从而克服内脏器官的生理惰性，使之尽快达到最佳状态。

4. 增加皮肤毛细血管血流量

准备活动可以使皮肤毛细血管的血流量增加，运动后毛细血管扩张，有利于散热，降低体温，有效防止正式活动时由于体温过高而影响运动能力。

(二) 准备活动的要求

1. 准备活动的时间

(1) 准备活动的时间可以根据运动项目的具体情况确定，一般以 10 ～ 30 分钟为宜。

(2) 准备活动与正式运动的间隔时间，一般以不超过 15 分钟为宜，可以在做完准备活动后立刻进行正式运动。

2. 准备活动的强度

(1) 准备活动的强度和量应较正式运动小，以免引起疲劳。

(2) 准备活动的量可以由心率决定，心率以 100 ～ 120 次 / 分钟为宜。

(三) 一般性准备活动

一般性准备活动的内容多以伸展运动开始，然后进行一般性的跑步、徒手体操等活动。

下面介绍一套常用的一般性准备活动操，供锻炼者运动前使用。这套活动操主要包括头部运动、肩部运动、扩胸运动、体侧运动、体转运动、髋部运动和踢腿运动等。

1. 头部运动

两手叉腰，两脚左右开立，做头部向前、向后、向左、向右，以及绕环运动。见图 2-3-1。

图 2-3-1

2. 肩部运动

手扶肩部，屈臂向前、向后绕环，以及直臂绕环。见图 2-3-2。

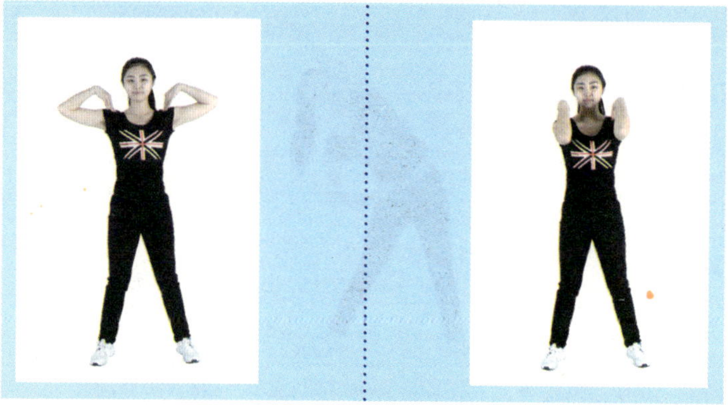

图 2-3-2

3. 扩胸运动

屈臂向后振动及直臂向后振动。见图 2-3-3。

图 2-3-3

4. 体侧运动

两脚左右开立，一手叉腰，另一臂上举，并随上体向对侧振动。见图 2-3-4。

图 2-3-4

5. 体转运动

两脚左右开立，两臂体前屈，身体向左、向右有节奏地扭转。见图 2-3-5。

图 2-3-5

6. 髋部运动

两脚左右开立，两手叉腰，髋关节放松，向左、向右 360 度旋转。见图 2-3-6。

图 2-3-6

7. 踢腿运动

两臂上举后振，同时一腿向后半步，重心置于前腿，两臂下摆后振，同时向前上方踢腿。见图 2-3-7。

图 2-3-7

二、运动后放松

运动后放松是指运动后进行的一些能够加速机体功能恢复的、较轻松的身体活动。与运动前的准备活动相反，其目的是使锻炼者的生理机能水平逐步得到恢复。

（一）放松方法

1. 运动性手段

(1) 运动结束后，锻炼者可采用变换运动部位的方法来消除疲劳，如上肢出现疲劳时可做一些慢跑运动，下肢出现疲劳时，可做一些上肢运动。

(2) 转换运动类型也是一种不错的放松方法，如打羽毛球出现疲劳时可做瑜伽来达到放松的目的。

(3) 还可以用调整运动强度的方法来缓解疲劳，如可以在放松过程中，采用小强度的轻微运动方法等。

2. 整理活动

(1) 整理活动是指运动后所做的一些能够加速机体功能恢复的身体活动，如剧烈运动后进行 3 ～ 5 分钟慢跑或其他整理活动，使身体机能得以恢复。

(2) 剧烈运动后若不做整理活动而骤然停止动作，会影响氧气的补充和静脉血的回流，使机体血压降低，引起不良反应。见图 2-3-8。

(二) 注意事项

1. 在进行整理活动时动作应缓慢、放松，运动量不要过大，否则会引发新的疲劳。

2. 在进行整理活动时，应当保持心情舒畅、精神愉悦。

图 2-3-8

三、自我养护

锻炼后，锻炼者感觉身体疲劳是一种正常的生理现象，是体育锻炼过程中的正常反应。随着体育锻炼时间的延长，疲劳症状自然会消失。运动性疲劳出现后，锻炼者如果采用一些自我养护措施，可以加速身体机能的恢复，尽快消除疲劳，提高锻炼效果。常见的自我养护方法主要包括运动后休息、合理营养和物理手段。

（一）运动后休息

1. 静止性休息

(1) 静止性休息是指锻炼者运动后保持机体相对静止的状态，以促进身体机能恢复，尽快消除疲劳。

(2) 静止性休息的最佳方式是睡眠，特别是刚开始从事锻炼者，身体不适应或疲劳症状明显时，更应该保证充足的睡眠，否则，锻炼者虽然积极参加了体育锻炼，但收效甚微，甚至会导致过度疲劳症状的发生。

(3) 静止性休息更适合消除全身运动导致的整体疲劳症状。见图 2-3-9。

图 2-3-9

2. 积极性休息

(1) 积极性休息更适合由于少量肌肉群参与工作而导致的局部疲劳，或运动强度较大而导致的快速疲劳。

(2) 积极性休息可以加速血液循环，有利于代谢物排出体外，对促进身体机能的恢复具有明显的效果。见图 2-3-10。

图 2-3-10

(二) 合理营养

小强度、长时间的运动形式，主要是靠糖原的有氧代谢提供能量。运动后应及时补充淀粉类食物，如面粉、大米等，以促进糖原的合成。随着人民生活水平的提高，在饮食结构中，肉类食品的比重不断增加，而淀粉类食品的比重逐渐减少，这一现象应当引起人们的注意。特别是老年人参加体育锻炼，更应注意对淀粉类食物的补充。

强度较大、时间又相对较长的运动形式，主要是靠糖原的无氧代谢提供能量。这样，糖原无氧代谢产物——乳酸便会在体内大量堆积。因此，运动后应多补充蔬菜、水果等碱性食品，以加速乳酸的清除，尽快消除疲劳。见图 2-3-11。

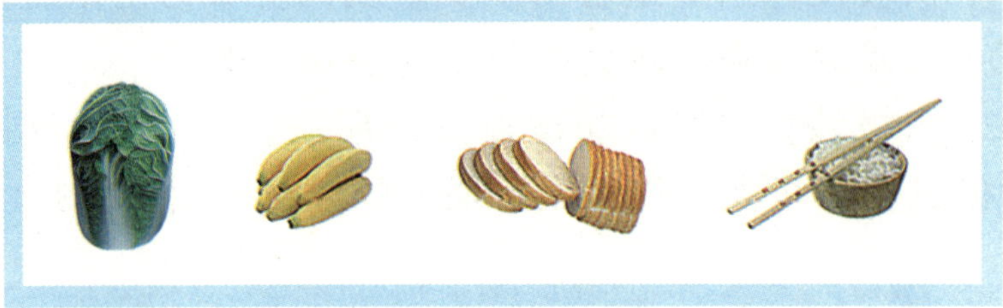

图 2-3-11

（三）物理手段

1. 按摩及牵拉

(1) 通过按摩刺激神经末梢、皮肤结缔组织和毛细血管，可以使紧张的肌肉得以放松，从而改善局部组织，加速全身的血液循环，达到促进身体机能恢复的目的。这种方法可以在锻炼后马上进行。

(2) 此外，还可以采取缓慢牵拉肌肉的方法，使收缩的肌肉得到充分的伸展放松。见图 2-3-12。

图 2-3-12

2. 水疗及电疗

(1) 水疗包括芬兰式蒸汽浴、热水浴和桑拿浴等多种形式，主要作用是通过提高体温促进血液循环，清除代谢物，以达到尽快消除疲劳、恢复体力的目的。

(2) 水疗的时间一般以不超过30分钟为宜，如果时间过长，会进一步消耗体力，严重时甚至会出现暂时性脑缺血现象。

(3) 如果条件允许，还可以对疲劳的肌肉进行低频治疗。低频治疗仪的原理是模拟针灸疗法，使用时将电极用不干胶对称地粘贴在运动部位表皮上。这种疗法可以促进局部血液循环，改善组织代谢，缓解肌肉酸痛，消除疲劳。

3

第三章 基本技术与战术

高尔夫球的基本技术由握杆、准备击球姿势、瞄球、挥杆击球和顺摆动作等几部分组成。一名优秀的高尔夫球选手必须掌握正确、实用和全面的击球技术。击球技术的好坏，最终体现在选手击球的力量、球速、对球的飞行弧线控制能力的高低和球的落点是否准确上。

第一节 握杆

握杆是指选手双手握住球杆的位置和方法，它是高尔夫球运动中最基本的动作。握杆方法正确与否，对选手能否掌握合理、准确、全面的基本技术关系重大。高尔夫球选手既可用左手握杆，也可用右手握杆。

一、左手握杆

1. 动作方法

(1) 左手自然下垂，手指指向地面，左手很自然地握住球杆，球杆放在左手掌对角线上。

(2) 食指第一指节的位置略低于拇指的指尖，缩拇指可使后面的二指牢固握杆，便于用力。见图 3-1-1。

2. 技术要点

(1) 左手正确地握住球杆之后，左手背应正对目标，拇指和食指所合成的直线指向右眼或右耳，由上往下看，只能看到前两个指节。

(2) 左手握好球杆后，将球杆举到胸前，体会一下手指的用力。

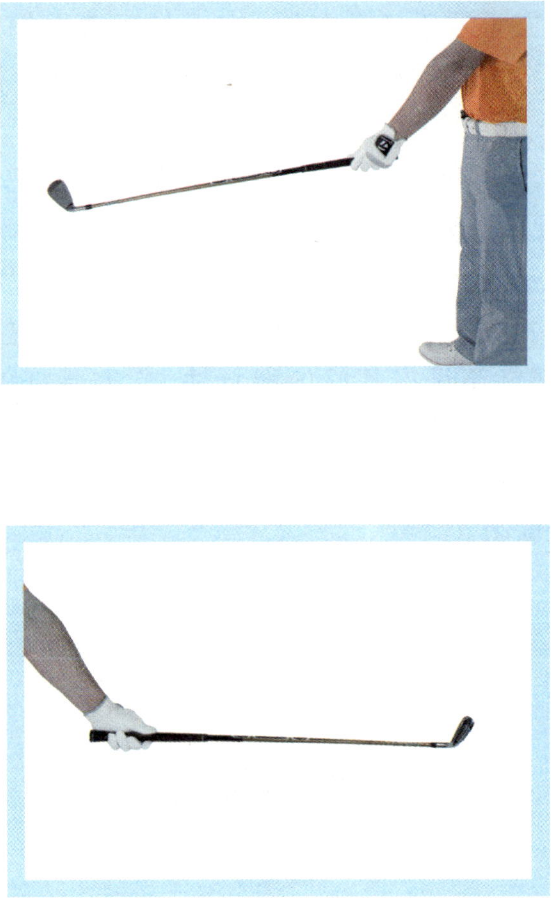

图 3-1-1

二、右手握杆

左手按正确位置握好球杆后，再用右手按握手姿势去握杆。握杆方法大体可分为重叠式、连锁式和十指式。

（一）重叠式握法

1. 动作方法

(1) 先将右手置于杆身右侧，右手指顺着握把向下伸出，右小指扣住左手食指的指节，右食指应呈扣扳机状扣住球杆，并与中指明显分开。

(2) 中指、无名指握住球杆，右拇指应位于握把左侧的中央，以便和食指相互平衡，此方法又可分为“强式”握法和“弱式”握法。

“强式”握法是指左手过度偏球杆上方，而右手偏球杆下方；“强式”握法不见得是好的握杆法，它容易打出弹道低的左曲球；“弱式”握法是指左手几乎向左转至球杆下方，而右手则位于球杆上方，这种握法常见的击打结果是击球时杆面向右开，打出右曲球。见图 3-1-2。

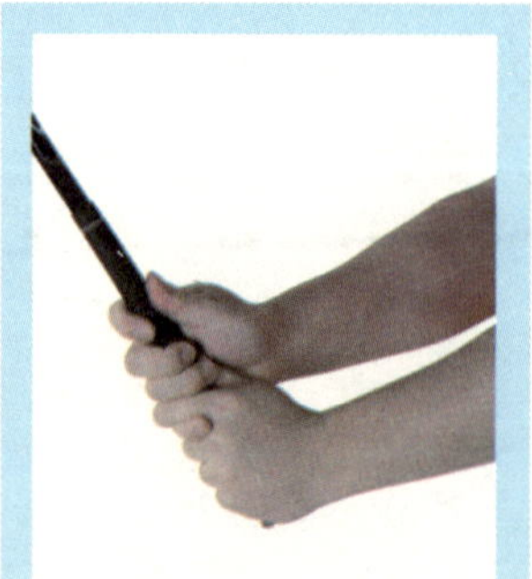

图 3-1-2

2. 技术要点

右手主要用手指握杆，球杆应横置于小指根部到食指第一关节之间，右手拇指和食指形成一个问号。

（二）连锁式握法

1. 动作方法

(1) 左手手形同重叠式，握杆时，右手的小指插入左手食指与中指之间，与左手食指勾锁在一起。

(2) 此握法主要用于手掌较小或力量较小的女选手。见图3-1-3。

图 3-1-3

2. 技术要点

两手连锁在一起，容易产生一体感，有利于发挥右手力量。

（三）十指式握法

1. 动作方法

左右两手分开，用食指握住球杆，右手的小指与左手的食指相贴，这种握法多为力量差者、高龄者及女性使用。见图3-1-4。

图 3-1-4

2. 技术要点

(1) 两手拇指与食指所形成的倒“V”形应指向右肩方向。

(2) 两手握杆的力量要适度，不可太紧，也不可太松。

第二节 准备姿势

球杆接触地面时即为准备击球，而在障碍区内，选手做好站位时即为准备击球，包括脚位、球位和身体姿势三个方面。

一、脚位

1. 动作方法

正脚位，指两脚尖连线与准备击球路线平行的站法。

开脚位，指左脚略向后撤的站法。

闭脚位，指右脚略向后撤的站法。见图 3-2-1。

图 3-2-1

2. 技术要点

双脚的距离一定要适当，使用不同的球杆，双脚的宽度不同，但无论使用几号球杆，右脚应与目标线垂直或略开，左脚尖向外打开 20 ～ 30 度。

二、球位

1. 动作方法

面对球，左肩对准击打方向。握好球杆，双臂自然下垂，上臂贴近胸部，杆头自然贴近球。见图 3-2-2。

2. 技术要点

(1) 一般双脚间的距离以不超过双肩宽为原则。

(2) 初学者应使用5号铁杆练习，将球置于双脚正前方中间，这样较易掌握击球点。

图 3-2-2

三、身体姿势

1. 动作方法

(1) 选手握好球杆后，双手自然前伸，球杆底部轻轻地着地，两脚分开约同肩宽，身体重心落在两脚上。

(2) 身体从髋部前倾，背部挺直，头自然略向下俯视，以恰好看到杆头为好。

(3) 双膝关节略弯曲，身体左侧朝向目标方向。

2. 技术要点

(1) 在挥杆的过程中保持平衡，下半身的主要作用就是稳定地支撑，让上半身平稳地旋转。

(2) 全身各部分协调用力，使每一部分的力量流畅自然地释放出来。

第三节 瞄球

瞄球是指调整身体各个部位，在击球瞬间保证杆头面正好对着球，以及保证手握球杆沿着目标线挥杆。以正确的姿势瞄球是挥杆动作中最重要的一环，因为这将决定球手会打出什么样的球。

1. 动作方法

(1) 站在球后确定击球方向，然后握住握把，举起球杆确定目标。

(2) 在球位与目标球间画出一条假想的目标线，并在目标线上球的方向约 1 米处，确定一个目标替代点，即杆面与目标线呈直角。

(3) 最后确认身体各部位是否与目标线平行。见图 3-3-1。

2. 技术要点

(1) 瞄准的方向非常重要，脚趾、膝盖、臂部、肩膀和双眼都要与目标线平行。

(2) 臂部和肩的位置最为重要，由于右手握杆位置较低，所以，很容易将右肩或左肩向前拉。

(3) 右肩和臂部一定要与目标线平行，这样才能正确地做出挥杆动作。

图 3-3-1

第四节 挥杆击球

高尔夫球挥杆击球的基本原理是：球杆的长短决定挥杆轨迹的长短；球飞行轨迹的高低视球杆杆头角而定。高尔夫球击球动作可分解为：引杆、下挥杆、击球、顺势摆动和结束动作等几部分。

挥杆过程中，杆面的正确状态是：后引时，杆面正对目标；随着球杆上挥，杆面逐渐打开，朝向身体前方；至顶点时，朝向身体前上方，后倾大约45度；在下挥杆过程中又逐渐还原，触球时正对目标方向。

一、引杆

引杆，是指将杆头从击球准备时的状态开始，向球的后上方摆动的动作。

（一）后引

1. 动作方法

杆面瞄球的后方，使左臂与球杆成为一个整体。顺着球的方向正后方引杆30厘米左右，自然后引时头和肩都不要动。见图3-4-1。

2. 技术要点

从挥杆动作的整体来看，后引和上挥动作之间没有任何停顿，后引是上挥的开始，上挥是后引的延续。

图 3-4-1

★瞄球

1. 动作方法

(1) 站好后，膝盖位于脚掌正上方，肩膀前段与脚尖在一条垂直线上。

(2) 双脚平均用力，重心通过两脚掌的连线，双脚、双膝、双肩、双眼与目标线平行。见图 3-4-2。

2. 技术要点

各部位要放松，但要保持一定的弹性和张力。

图 3-4-2

★起杆

1. 动作方法

(1) 如果球位在时钟 6 点位置，那么杆头到达 8 点位置。

(2) 在此位置手腕角度与瞄球时相同，臀部保持不动，握把末端指向肚脐。见图 3-4-3。

2. 技术要点

(1) 从瞄球到此位置，肩、手臂、手、球杆一起移动。

(2) 双臂与双肩形成的三角形保持不变，不可转动手腕，或因身体重心右移导致杆头沿目标线后移。

图 3-4-3

★**定位**

1. 动作方法

(1) 球杆指向 9 点钟位置，杆身与地面平行并与目标线平行。

(2) 手腕略屈，右手肘弯曲，在肩膀的带动下，臀部转动很小。见图 3-4-4。

2. 技术要点

握把末端沿垂线通过右脚尖外侧，杆身位于两脚尖连线的正上方，并与地面平行；杆身位于初始平面内，杆头指向天空。

图 3-4-4

★手腕设定

1. 动作方法

(1) 左手臂与地面平行，手腕完全弯曲，握把末端指向目标线的延长线，此位置非常重要，如果正确无误，上杆就会很容易。

(2) 在此过程中，挥杆平面变陡，手臂和肩的动作带动身体旋转。见图 3-4-5。

2. 技术要点

肩膀转动大约 75 度，手腕完全弯曲，杆身的平面比瞄球时的初始平面更陡，杆面与左前臂平行。

图 3-4-5

3. 错误纠正

身体旋转与手臂动作不同步，身体完全旋转；右臂离身体太远；平面太平或太陡。因此，应注意身体与手臂的协调配合，并保持杆身平面的角度。

★上杆顶点

1. 动作方法

(1) 身体重心移到右脚内侧，左脚不要离开地面，保持右腿角度与瞄球时相同。

(2) 此时臀部转动约 45 度，肩膀完全转动约 90 度，背部正对目标。见图 3-4-6。

图 3-4-6

2. 技术要点

(1) 整个身体像上紧的发条或者拉满的弓，背部肌肉绷得很紧。

(2) 左臂伸直越过胸前，右手肘贴近体侧，右前臂与脊柱轴平行。

(3) 右手位于球杆下方，左腕背面保持平直。左臂与球杆的角度大约是 90 度，球杆位于右肩末端正上方。

3. 错误纠正

(1) 右手肘角度过小，会导致挥杆半径过小。应尽量保持在 90 度左右。

(2) 左手肘抬得过高，会导致挥杆平面过陡。应注意左手臂与胸部保持适当的距离。

二、下挥杆

从下杆至完成击球，可分为 4 个重要位置。此处为上杆到下杆方向的转变，是非常重要的动作，也是最容易出错的地方。

（一）下挥杆第一个动作

1. 动作方法

（1）下杆首先要向左移动臀部，头部保持原位，此时左臀、左肩与左臂保持绷紧，臀部主动往回转，手臂和手保持被动，手腕角度与上杆顶点时相同，右肘角度不变。

（2）臀部向左移使右肩降低，右手肘向下、向内拉，双臂向下降，以便下杆平面降低，便于球杆自目标线内侧下杆击球。见图 3-4-7。

2. 技术要点

（1）引杆的起动顺序为杆头、臂、腰、膝，而下挥杆时恰好相反，即从脚开始启动，带动膝、腰、肩、臂、杆头。

（2）继续降低挥杆平面，此时的球杆面应在初始球杆面上方并与之平行，握把末端指向目标线在球后方的延长线上。

图 3-4-7

（二）下挥杆第二个动作

这一位置与上杆位置几乎对称，从这一位置开始进入击球区。此时杆头已到最后释放阶段。

1. 动作方法

(1) 左臂不要侧移，而是绕身体向后转。因为大部分身体重量仍在右侧，所以右脚并未抬起。双臂挥离右肩。右肘刚好位于右臂位置，又不会太靠近身体。

(2) 手腕与球杆呈直角，此时手腕已到最后释放阶段；杆头以最大速度到达击球位置。球杆与地面平行，而且与目标线平行，杆头指向天空。

2. 技术要点

切勿使球杆过分由内向外接近球而产生左曲球或右推球，

也不要用球杆过分由外向内击球而产生右曲球或者左拉球。

三、击球

击球是瞬间的动作，实际是下挥杆的一部分。

1. 动作方法

(1) 在击球位置，球杆速度达到最快，杆头的打击力达到最大。左手臂与球杆呈一条直线，手的位置在杆头前面，左手腕背面平直。右手臂和右手腕略弯曲，几乎与瞄球时相同，以保持杆面方正。

(2) 脊柱角度与瞄球时相同，头留在球后方。双肩臂在瞄球时略开放。臂部开放约 45 度。左腿略弯一点儿，稳定支撑并产生抗力。

(3) 右膝弯曲向内指，不超过双脚尖的连线，右脚跟因身体转动而被动抬起。见图 3-4-8。

图 3-4-8

2. 技术要点

(1) 击球时的杆头路线 应想象从球到目标点有一条目标线，站位一侧称里边，另一侧称外边。在挥杆击球时，杆头的运行方向决定了球的初始方向。当球杆运行方向在击球瞬间与目标线一致，即沿着目标线击球时，球的初始方向朝向目标。如果杆头路线从外边挥向里边，球的初始方向朝向左边。反之，杆头由内向外挥，球开始时会朝右边飞。

(2) 杆面朝向 在击球的一瞬间，杆面朝向决定了球的弯曲。如果击球时杆面朝向与杆头运行方向一致，那么球会朝杆头运行方向直飞出去；如果杆头打击面朝挥杆方向的左边，那么球会因被切了一下而发生左旋，导致左曲线运行。

(3) 方正击球 是指在击球瞬间击中杆头的甜蜜点。如果非杆头中心击球会损失很多距离。据统计，击球时偏高甜蜜点 1.3 厘米，距离损失 10% 左右。同时非杆头中心击球也影响方向，趾部击球会产生左曲球，跟部击球产生右曲球。除了以甜蜜点击球外，杆头的底边要与地面平行，如果击球时杆头前段翘起会产生左曲球，反之杆头后跟提起会产生右曲球。

(4) 击球角度 当挥杆击球时，杆头运行的轨迹与地面形成一个角度，称为击球角度。有三种情况：杆头向下运行时击球；杆头轨迹与地面平行时击中球；或杆头从最低点向上运行时击中球。不同的击球角度产生不同的弹道和逆旋程度，向下挥杆击球使球杆的有效倾角变小，后旋大，弹道低；杆头与地面平行时击球产生标准弹道；杆头从最低点向上挥杆时击球后旋小，弹道变高。

开球时为了追求距离，在发球台上发球，要让杆头向上运行时击球，因为较大的起飞角度和较小的逆旋可使球飞行和滚动距离偏远。球道木杆和长铁杆当然也注重距离，但球道上无法架发球台，因此，只能在杆头运行与地面平行时击球。在攻果岭时更应多采用下切式击球，球杆越短，击球角度越大。

(5) 杆头速度　正常情况下，击球时的杆头速度越大，球飞得越远，当然前提是方正击球、杆头路线和杆面角度正确。在其他条件不变的情况下，杆头速度越快，给球的后旋越大，因而弹道越高。

3. 错误纠正

下肢向左移动太多，导致头部落在后方太远；因过早释放杆头导致左手腕弯曲，杆头超过双手，造成杆面关闭。身体转动过快，手腕未及时打开，杆头落后双手导致杆面开放。因此，应在击球时，调整好下肢站地的姿势，协调身体与手腕的转动和打开动作，使击出的球按预计的想法飞行。

击球时挥杆路线和杆面朝向的不同组合导致9种不同的球路：当挥杆路线与目标一致时，如果杆面正对目标则球会一直飞向目标；如果杆面朝左，则球会开始直飞再弯曲飞向左边；如果杆面朝右，则球会开始直飞再弯曲飞向右边。当杆头路线从外边挥向里边时，如果杆面朝向与挥杆路线一致，则球会向左直飞；如果杆面朝向左边，则球会开始向左直飞，再弯曲到左边；反之杆面朝向右边，则球会开始向左直飞弯到右边。当挥杆路线从里边挥向外边时，如果杆面朝向与挥杆路线一致，则球会直飞向右边；如果杆面朝向左边，则球会开始向右直飞再向左弯曲；如果杆面朝向挥杆路线右边，则球会开始向右直飞再向左边弯曲。

四、顺势摆运

右手臂伸直与地面平行，由于离心力的作用，将手臂带向左边，且手腕未完全弯曲。

1. 动作方法

(1) 身体向后旋转，非向左移动，身体重心向脚跟移动，左腿伸直支撑身体大部分重量，身体几乎正对目标，右腿和右脚向左侧拉动，但要有一定抗力。

(2) 右手臂伸直，左肘向内弯曲，球杆与初始挥杆面平行并在其上方。见图 3-4-9。

2. 技术要点

身体沿总轴旋转，身体重心向脚跟移动。右臂伸直，左肘向内弯曲。球杆与初始挥杆面平行并在它的上方。

3. 错误纠正

顺势摆动过程中，重心如果滞留在身体右侧，导致左曲球。因此，应注意重心随身体旋转而移动。

图 3-4-9

五、结束动作

1. 动作方法

(1) 左腿伸直，重心落在左脚跟，左脚尖略离地，右脚尖着地，右脚几乎垂直地面。

(2) 皮带扣正对目标，右肩比身体其他部分更接近目标。

(3) 双肘的距离与上杆顶点位置差不多，左肘向内弯呈直角支撑球杆，右手臂横越胸前。

(4) 球杆斜越过后背，杆头指向地面。见图 3-4-10。

图 3-4-10

2. 技术要点

(1) 收杆是下杆动作的自然结果，收杆的关键是身体要有良好的平衡。

(2) 从收杆的姿势就可判断动作是否正确，进而断定击球的品质。

3. 错误纠正

左、右脚站地不稳，收杆动作不完整。因此，应注意身体平衡的训练。

第五节 切高球技术

用短铁杆打高吊球是初学者入门的主要技术，同时也是使球超越障碍区的高难技术。

一、选杆

短铁杆或劈起杆。

二、握杆

1. 动作方法

(1) 将球杆的握把斜着放在左手指。

(2) 靠掌的第一指节和小指最下方靠近手腕的厚肉垫上，用中指、无名指和小指握住球杆。

(3) 左手大拇指轻轻放在球杆中间略靠右的位置。

(4) 右手指握杆，大拇指在球杆中央靠左的位置，虎口包住左手的大拇指，右手的小指横越在左手食指和中指中间的间隙。

2. 技术要点

(1) 要注意使右掌心与杆头方向一致，便于控制球打出的弧线和方向。

(2) 若要减少球的滚动距离，可使右掌心朝下。

三、站姿

1. 动作方法

采用开脚位站立，对着目标 10 ～ 20 度，上体应前倾，背部不可太挺直，两膝自然弯曲。见图 3-5-1。

2. 技术要点

身体前倾，两腿自然弯曲。

图 3-5-1

四、瞄球

1. 动作方法

两脚开位站立，球在偏右位置。

2. 技术要点

采用短铁杆时，球位一般在两脚间偏右的位置。瞄准时，手的位置在球的前方。

五、挥杆击球

1. 动作方法

(1) 上杆时身体重心在右脚，下杆时移至左脚，主要靠肩、臂的转动来击球，手与手腕的动作减少到最小的幅度。

(2) 身体要站稳，挥杆的幅度不必很大。

(3) 下杆击球动作要轻松，右臂和右手有“甩”的动作，要打“实”球，打“穿”球。见图 3-5-2。

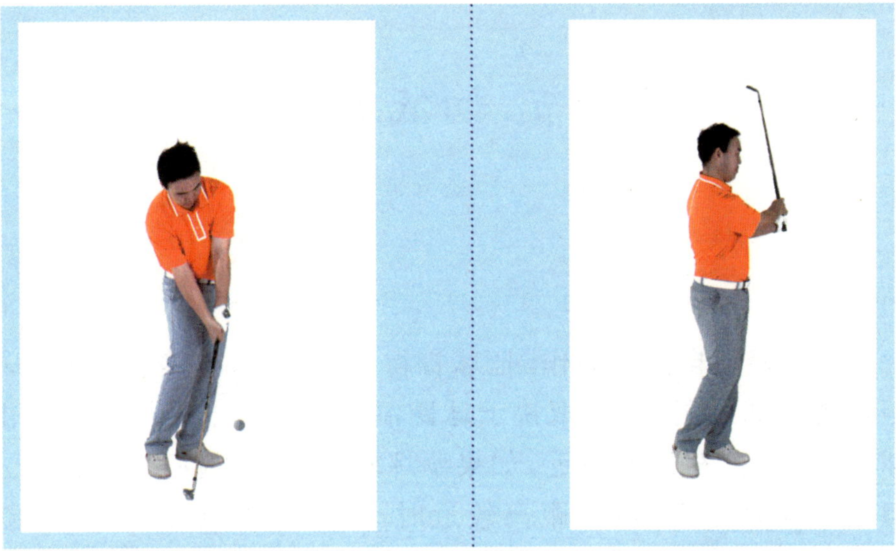

图 3-5-2

2. 技术要点

(1) 要使铁杆打得准确，就要依靠双脚和控制球杆动作，双脚和身体稳定会减少挥杆失误。

(2) 脚跟不要离地太早，要在球击出之后才离地，要有控制地使身体重心由右脚移至左脚。

第六节 切低球技术

通过轻松自如的动作，把球打得又高又远，自然使人高兴。但能否击球入洞，常常取决于球距洞几米至几十米的近距离击球技术。球落在果岭附近，如果草坪较平且短，最好使用推杆。但当球被草托高，或者距离较近时，最好选择切低球技术。切低球技术包括切短低球技术和切远滚球技术。

一、切短低球

练好切低球技术，直接击球进洞的概率就会很高。

（一）选杆

短铁杆或中铁杆（世界高尔夫球王尼克·佛度用 6 号铁杆，诺曼用 7 号铁杆）。

（二）握杆和准备击球姿势

采用反叠式握杆法（推杆握法）。手肘内缩贴近身体两侧，手腕伸直略向上突出。杆身立直，杆头趾部触地，跟部则略上提，球的位置也偏于杆头趾部。站位要靠近球，双眼在球的正上方，注视球。以杆头趾部击球，有利于控制短球的力度。

(三)站姿

站位要靠近球。球位在双脚中间偏右脚。

(四)挥杆

1. 动作方法

(1) 手腕在上杆时可以弯曲,但仍要顺目标线后举并前送。

(2) 下杆时手腕保持固定角度,不要向前弯曲。见图 3-6-1。

图 3-6-1

2. 技术要点

(1) 挥杆动作与推杆动作相同，主要以肩膀的摆动来进行挥杆，但切低短球时，手部动作略多一些。

(2) 击球时保持伸直的手腕可以限制挥杆弧度不至于太大。

二、切远滚球

当球距离果岭较远（从十几米到六七十米），而且地势较为平坦时，采用切远滚球技术。

（一）选杆

根据击球的距离选用 3 号、4 号、5 号、6 号、7 号铁杆，可以较容易地将球打上果岭。

（二）握杆

采用重叠式握杆便于用力，握杆短一些。站姿呈开脚位站立，两脚分开较窄。身体重心偏向左脚，双眼注视球的正上方，双手握杆位置在球的前方。

（三）挥杆击球

1. 动作方法

(1) 手腕上挥时略弯曲，保持肩与两臂的三角形结构，击球时以肩膀的摆动来带动手臂及球杆。

(2) 双腿可以配合肩膀的摆动而略移动。见图 3-6-2。

2. 技术要点

引杆与前送的距离相同，采用略向下击球的方法。动作节奏平稳，头部始终保持固定。

图 3-6-2

第七节　沙坑球技术

沙坑的英文名是 Bunker。沙坑是球场上的障碍区，是对高尔夫球选手技术的考验。每一个沙坑里的沙都不一样，甚至同一个球场的沙质也不同，而高尔夫球随时有掉进沙坑的可能，这就要求打高尔夫球的人一定要掌握好打沙坑球的基本功。

一、选杆

沙坑杆（见图 3-7-1）、劈起杆（见图 3-7-2）或 9 号铁杆。

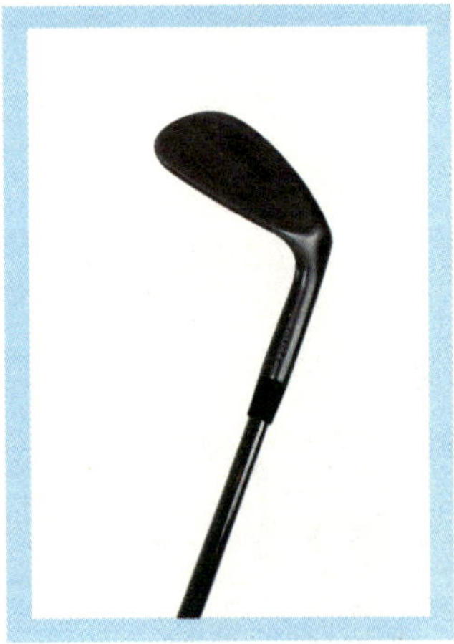

图 3-7-1

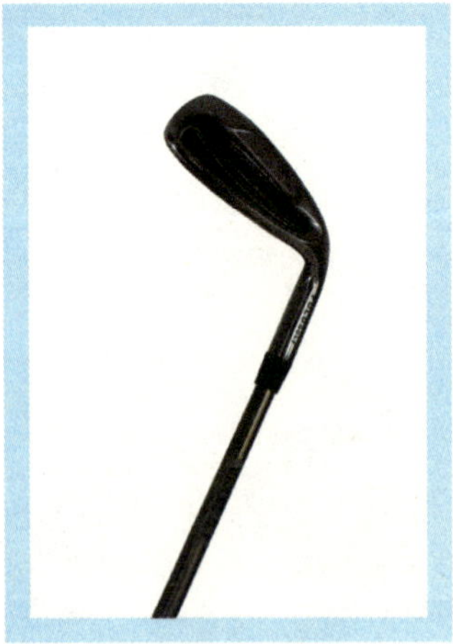

图 3-7-2

二、握杆

基本握杆方法与短钢铁杆相同，唯一要改变的是两手在握杆时向逆时针方向调整，即将杆面打开，握杆时两手要握得结实。

三、站姿

开脚站立，两脚位置与目标约呈30度角。瞄球之前要左右扭动身体，使脚底埋进沙里，保持身体平衡。球的位置要在两脚中心靠左，身体重心偏向左脚。

四、瞄球

瞄球点是球后2厘米左右的沙子。双脚、双膝、臀部和肩膀皆朝向目标的左方，这样的姿势有助于垂直度大的上杆和下杆击球。

五、挥杆击球

1. 动作方法

(1) 要根据球与旗杆的距离，决定上杆的幅度。

(2) 下杆时以左臂为前导，用杆头击球杆后1厘米左右的沙子。见图3-7-3。

图 3-7-3

2. 技术要点

顺势将球击出，球击出后，继续向前送杆，不要急于翻腕收杆。

第八节 特殊击球技巧

在打高尔夫球的过程中，会遇到很多特殊情况，需要采用特殊的击球技巧。下面介绍几种特殊情况下的击球技巧。

一、打长草区球

1. 动作方法

球掉进长草区时，打球的规则与在沙坑中相同。准备击球时，球杆不能接触到草。因此，击球的难度较大。见图 3-8-1。

图 3-8-1

2. 技术要点

球的位置要偏于右脚，站姿呈开式，杆面向外张开，上杆时不能平平地拉开，要直接把球杆提起，下杆时杆面从球的底下挖过去。

二、打球高人低的斜坡球

1. 动作方法

打这种球时，手要握在握把的下沿，人离球远一点儿，身体重心放在左脚上，球的位置要在中间靠右的地方。见图 3-8-2。

2. 技术要点

挥杆的时候下杆要重一些，瞄准目标的右边。

图 3-8-2

三、打球低人高的斜坡球

1. 动作方法

面向下坡的方向击球，要站得靠球近一些，身体的重心放在左脚的脚跟上，深弯腰，手握在杆柄末端，瞄准目标左边的地方。见图 3-8-3。

2. 技术要点

挥杆的时候要轻一些。

图 3-8-3

四、打上坡球

1. 动作方法

打上坡球时身体和肩膀要尽量顺着坡势，依照上坡的斜面来挥杆，身体重心放在右脚上，球的位置在中央靠前的地方。见图 3-8-4。

2. 技术要点

打上坡球弹道较高，可以酌情选用倾角小的球杆。

图 3-8-4

五、打下坡球

1. 动作方法

球的位置要在中央靠右脚，身体重心在左脚，身体和肩膀尽量保持与坡平行，挥杆的时候重心仍然保持在左脚，顺着坡势来击球。见图 3-8-5。

2. 技术要点

向下坡的方向击球时，下坡的坡角抵消了一些杆面的倾角，可以酌情选用大的球杆，用“P”杆或“S”杆。

图 3-8-5

六、打硬地球

1. 动作方法

球的位置要在两脚中间略后的地方，要求杆头先打到球再接触地面。见图 3-8-6。

2. 技术要点

打硬地球是对选手是否能打准球、打实球的考验。

图 3-8-6

第九节 推杆技术

推杆是高尔夫球比赛中使用的各种球杆中最重要的球杆之一。在标准杆72杆中，推杆的杆数占一半，所以说，推杆技术的好坏直接影响打球的成绩。在一般情况下，每一洞都由推杆击球入洞。

一、握杆

握杆方法很多，选手应以自然，用得上力，能将球击入洞作为握杆原则，根据自己的特点，选择合适的握杆方法。

二、站姿

1. 动作方法

(1) 一般站位时两脚基本保持与推击线平行，两脚宽度以身体不左右晃动，能够保持身体平衡且又感舒适为宜。

(2) 两脚取好站位后，两手握杆，两膝略弯曲，上体前倾，背部呈弓形，头位于球的上方。

(3) 球的位置应该在左脚正前方向与推击线的交叉点上，

球在左眼正下方，两眼连线与推击线平行。

(4) 两肩放松，两肘弯曲贴近两侧肘肋部。

2. 技术要点

两脚与肩等宽，两肩放松，保持身体平衡。

三、推杆动作

1. 动作方法

(1) 瞄球　球位在两脚之间偏向左脚，左肩在球的正上方。

(2) 上杆　上杆幅度小，左手臂锁定弯曲角度。

(3) 下杆　左手引导下杆动作，右手在后辅助向前推。

(4) 送球　击出球后送杆时，头部保持原来的状态不动。见图 3-9-1。

图 3-9-1

2. 技术要点

(1) 将推杆放在球的后面，与推击线呈直角。

(2) 上杆轨迹应略带弧线，击球时要尽可能击中甜蜜点。

(3) 在整个推杆过程中，手与肩始终保持着倒悬的三角形形状。

4 第四章 基本战术

高尔夫球战术是指在高尔夫球比赛中，选手为表现出高超的竞技水平，挑战自我并战胜对方而采取的合理有效的策略和行动。本章主要介绍高尔夫球战术的指导思想、原则及基本战术等内容。

第一节 指导思想及原则

高尔夫球战术的思想及原则是指导进行此项目运动取得胜利的前提。

一、战术的指导思想

高尔夫球比赛的战术指导思想是制定战术、具体行动方案所依据的准则，高尔夫球运动的战术指导思想主要体现在以“我”为主和准两方面。

1. 以我为主

(1) 以“我”为主是指选手排除干扰，不受对方影响，积极施展自己的特长技术和打法。

(2) 选手要结合自己的特长，形成自己的打球风格，不要被带入对方的战术和节奏之中，正所谓平常心是最好的战术。

2. 准

(1) 这里的准是指选手战术实施得准，发挥技术准确并运用自如，落点准确。

(2) 高尔夫球运动的特点是远而准，也就是说，选手击打出去的球，既要求距离远，又要求落点准确。

二、运用战术的原则

1. 牢固地依靠技术战术

战术是以技术为基础的，技术水平越高就越能出色地完成战术的要求。只有技术全面，战术才能多样化，战术的变化和发展又可以促进技术不断地革新和提高。比赛中的战术必须在充分发挥自己的技术特长的前提下，沉着稳定，不畏困难。

2. 制定合理有效的战术方案

比赛战术方案的制定，必须结合自己的特点，并根据比赛条件与对方的技术、战术特点，做出合理有效的设计。比赛前必须通过各种方法、手段获得各种信息，即所谓“知己知彼，百战不殆”。在比赛中了解对方，衡量自己。

3. 实施战术目的明确

运用战术必须做到有的放矢，焦点集中，抓住中心，总收全局。比赛中除了落点要准外，在力量、球杆上亦应合理运用、灵活多变，并发挥出技术优势。要利用有利因素，克服不利因素。

上述原则是有机联系、互为条件和辩证统一的。选手在培养自己战术意识的同时，也应注意培养观察了解对方战术特点和打法情况的能力，这样才能在比赛中合理有效地运用战术，取得胜利。

第二节 基本战术计划

参加高尔夫球比赛，对选手技术、心理和运用战术的要求都较高。高尔夫球运动的基本战术主要包括以下几个方面：

一、制订合理的战术计划

战术计划是在比赛中实施战术的依据，制订战术计划是赛前训练最重要的任务之一。选手要根据比赛场地的有关资料和打球的体会制订出合理的战术计划。

二、采用合理的发球球位和球座高度

一场高尔夫球比赛，有 18 杆要在发球台发球，因此，选择最佳发球球位，打好第一杆球是至关重要的。在规定发球区域内，发球左右位置的选择，要根据自己的技术情况和当时的风向、风力等多方面情况来决定。

三、巧妙运用优势球杆，保证第一杆的准确

一场高尔夫球比赛要打18个洞，打第一洞成绩的好坏，对全场比赛成绩影响很大。所以，要特别重视第一杆球，不仅要用力，还要注意把球打到自己瞄准的目标点。

优秀选手都有自己的优势球杆，在一定的距离内打得最稳、最准。

四、集中精力打球，发挥特长取胜

打高尔夫球要不受外界环境的影响，更重要的是控制自己的情绪波动，始终以平常心打好每一杆。要始终保持清醒的头脑，正确分析外界环境对自己技术的影响。

五、麻痹对方，施加压力

在热身运动中，故意表现技术动作不稳定，动作做得差，或有意表现出状态不稳、情绪不佳等，给对方以错觉，使对方产生轻敌思想。一旦开始比赛，则判若两人，出其不意，使对方毫无思想和心理上的准备。

5 第五章 比赛规则

比赛参与者应该了解运动规则，以使自己在比赛过程中游刃有余地发挥技术水平。比赛观赏者也只有在了解基本规则的前提下，才能够充分体验观赏比赛的乐趣。

第一节 比赛方法

高尔夫球是一项户外绅士运动，具有突出的休闲娱乐价值，球手要按照一定的方法进行比赛。

一、比赛形式

（一）比洞赛

比洞赛是以每洞决定胜负的，以较少的杆数打完一洞的一方为该洞的胜者。在有差点的比洞赛中，净杆数少的一方为一洞的胜者。

（二）比杆赛

国际大赛和全国比赛均采用比杆赛的形式，以最少的杆数打完规定一轮或数轮的参赛者为胜方。比杆赛要求球手每一洞必须击球入洞。如果有任何一洞未击球入洞，就要被取消比赛资格。

二、胜负判定

高尔夫球比赛一般分组进行，每组 2 ～ 4 人。在友谊赛中一般没有裁判员，每名球手在记分卡上记录本人和同组其他球手每洞的杆数。一轮比赛完成后，统计总杆数，决定胜负。

第二节 裁判方法

高尔夫球比赛要依照规则进行，从发球区开始经一次击球或连续击球后，将球打入洞内。除按照规则行动外，球手及其球童不得有任何影响球的位置或球的运动的行为。

高尔夫球的处罚是一项很复杂的工作，由于每个球场的地形和当地规则不同，高尔夫球的处罚内容也不同，本节依据发生的区域不同列举主要处罚规定。

一、发球区的判例

1. 状况：打球前向同伴比赛者听取或告知障碍（Hzard）的位置或旗杆（Pin）的位置。

处罚：不受处罚。

说明：询问或告知障碍的位置及球洞区（Hole）上旗杆的位置等“众所周知的事实”不属于助言（Advise）。

2. 状况：打球前向同伴比赛者询问或告知所使用的球杆情况。

处罚：加罚 2 杆。

说明：征求指导、接受或给予指导属于违反规则。也要给予指导者加罚两杆的处罚。球员如何决定所使用的球杆欲征求助言时，只能向自己的球童（Caddie）询问。但是，向共用的球童询问同伴比赛者使用的球杆情况时不受处罚，因为球员有寻求球童所知道的所有情报的权利。

3. 状况：在短洞（Short Hole）发球区上发球之前，根据委员会的批示，打球一时中断，在等待打球重新开始的过程中，向已经完全打完该洞的球员询问其使用的球杆情况。

处罚：不受处罚。

说明：禁止接受或给予助言的规定，仅适用于规定一轮中，上述事例是规定一轮一时中断的场合，所以不属于寻求助言。

4. 状况：在短洞发球区，当同伴比赛者将使用的球杆取出时，窥视了其球包中的球杆。

处罚：不受处罚。

说明：该行为属于观察。容许，但作为礼仪应该注意。

5. 状况：因球杆握柄（Grip）被雨淋湿，而向握柄上喷涂防滑剂。

处罚：不受处罚。

说明：改变球杆握柄的形状或刻制指型是不允许的。但使用防滑剂不受处罚，同样，涂抹松脂或用布带、纱布、毛巾、手帕等缠卷在握柄上也是允许的。

6. 状况：在发球区，折断了影响挥杆的树枝。

处罚：加罚2杆。

说明：在发球区上虽然允许平整不均整的地面，但折断树枝的行为不被认可，即使在打球前改变了架球的场所也不能免去处罚。

7. 状况：在比杆赛中未按正确顺序打球。

处罚：不受处罚。

说明：即使打球顺序错误也不受处罚，以现状态继续打球，如果另打一球的话，则视为自动放弃第1球，打第2球时为第3杆。

8. 状况：两名球员为节省时间商讨后以错误的顺序发了球，双方均非为某一方有利而这样做。

处罚：不受处罚。

说明：规则规定，球员间不得协商不招待规则及免除处罚。但在比杆赛中以错误的顺序打球的场合作为特例被认可，因而不受处罚。

9. 状况：在发球区外架球后打了第1杆。

处罚：加罚2杆。

说明：从发球区域内打了第一杆时球才成为使用中球，所以要从发球区内重新以“第3杆”（可以架球）发球，在发球区外打的杆数不计算在内。

10. 状况：在发球区外打了球后，并没有从发球区内重新发球而打完了该洞。

处罚：加罚2杆或取消比赛资格。

说明：在该情况下加罚2杆后从发球区内重新发球打完该洞即可。在没有及时重新发球的情况下，若该洞为最后下洞，离开球洞区即取消比赛资格，不是最后一洞时一旦在下一洞发球区上发了球即取消比赛资格。

11. 状况：从数支球杆中选定了所使用的球杆后，将剩余的球杆作为击球方向的标记放在地面上打了球。

处罚：加罚2杆。

说明：该行为违反有关“指示打球线”的规则。即使没有作为标记的意图，但由于会被认为是“指示打球线”，所以需要注意，除球杆以外的毛巾、球杆头套等物品的放置也同样需要注意，但若在打球前将标记等去除则不受罚。

12. 状况：在晃动杆头（Waggle）或做瞄球准备（Address）时，杆头触球后使球从球座（Tee Peg）上掉落下来。

处罚：不受处罚。

说明：因为还没有成为使用中球，所以即使触动了球也不受罚，而且由于没有击球意图，因此可以重新架球后打球而不受罚。

13. 状况：打了正从球座上落下的球。

处罚：不受处罚。

说明：由于球还没有成为使用中球，不论此时球移动与否，仅计算一杆而不受处罚。

14. 状况：挥杆击球没有打中球或只擦动球而使球从球座上落下。

处罚：不受处罚。

说明：因为有打球意识而没打中球也算击球。所以球成为使用中球，从球现在的位置继续打球，打空的一次挥杆计为1杆。

15. 状况：将打空或因擦触而从球座上落下的球重新架起。

处罚：加罚1杆。

说明：没有任何理由不得将使用中球拿起，必须将球重新放置回原处然后继续打球。

16. 状况：将打空但因震动或擦触而从球座上落下的球重新架起并击了球。

处罚：加罚2杆。

说明：从球员挥杆击球之后起，该球即成为使用中球，将使用中球拿起将被罚1杆，但如果未将拿起的球重新放置回从球座上落下时所在的位置，则可加罚2杆。但是，未将拿起的球放置回原处而打了球时，只处罚未重放置球的2杆，而不再追加将球拿起的1杆处罚。

17. 状况：被杆头擦落的球滚动到发球区标识(Tee Markers)处无法打。

处罚：不受处罚。

说明：可以将发球区标识(可移动障碍物)拔掉后打球，但是在最初的第1杆时(包括打暂定球和球出界后的补打球)属于不可移动妨碍物，不得去除。

18. 状况：在发球区上打的第1杆出界。

处罚：加罚1杆。

说明：以"第3杆"从发球区内重新补打，补打时可以将球架起，而且其场所可在发球区内的任何地方。

19. 状况：从发球区域外打出的球出界。

处罚：加罚2杆。

说明：这加罚的2杆是对在发球区外打球的处罚，界外的处罚及所打的1杆不予计算，必须重新在发球区内以第3杆发球。

20. 状况：从发球区发出的球向界外(Out Of Bounds)方向飞去。

处罚：不受处罚或加罚1杆。

说明：在离开发球区之前，向记分员或同伴比赛者宣布后打暂定球。如果未宣布而打了暂定球，则该暂定球成为使用中球，最初打的球被视为遗失球。若按正确的程序打了暂定球，而最初的球：(1)界内时，则放弃暂定球以最初的球继续比赛；(2)界外时，则暂定球成为使用中球，即已打完了"第3杆"。

21. 状况：从发球区打出的第1杆向树林深处或山崖下等方向飞去，有出界可能时。

处罚：不受处罚或加罚 1 杆。

说明：要向记分员或同伴比赛者宣布自己要打暂定球的意向后打暂定球，若未宣布的话，则该球成为使用中球，初始球被视为遗失球。初始球：(1) 被找到后可以以最初的球继续比赛；(2) 寻找 5 分钟后仍未找到时或从认为初始球应所在的地点或较该地点更靠近球洞处打了暂定球时，暂定球即成为使用中球。因为最初打暂定球时为第 3 杆，所以此时应该是第 4 杆。

22. 状况：从发球区打出的第 1 杆进入林中或山崖下等，无法打第 2 杆，欲作为不能打之球（Un-Playable Ball）重新从发球区发球。

处罚：加罚 1 杆。

说明：球员要从发球区进行补打（在其他场所时，则为从打球前球所在位置的补打）时，即使不确认球的现在所在位置也可宣布自己的初始球为不能打之球（加罚 1 杆），即限于从不必确认球的位置也能法定补打球的场所的原位置补打球的场合，即使不确认球的所在也可认可其为不可能打之球。

23. 状况：球飞向树林后面的水池附近，没找到球，于是将其认为进入水池之球而在附近抛球后继续比赛。

处罚：加罚 2 杆，取消资格。

说明：在没有球进入水池的合理证据时，该球成为遗失球（Lost Ball），不顾及这一点而用其他球抛球后继续打球就构成从错误场所打球行为。从错误的地方打球虽然通常只加罚 2 杆，但在该场合为重大违反规则行为，必须返回发球区重新打订正球（加罚 2 杆，遗失球的加罚 1 杆另外附加）。没有打订正球而打完该洞（Holc Out）时，该洞为途中之洞时在下一洞发球区发球后；若该洞为最后一洞时离开球洞区后，即取消资格。

二、球道区内的判例

1. 状况：错打了其他球员的球（打错球）。

处罚：加罚 2 杆，取消资格。

说明：重新打自己的球，因为打错球的杆数不予计算，如果下一杆是第 2 杆时，应算为第 4 杆。以错球打完一洞，如果在下一洞发球区发了球将取消资格；如果在最后一洞，离开球洞区时将取消资格。但自己的球被他人错打的球员，可以将球重新放置回原来位置打球而不受罚。如果球原来的位置不能准确确定时，可在尽量靠近认为是原位置，但不得较其更靠近球洞的地点抛球。

2. 状况：因为最初的球有出界的可能而打了暂定球，在认为是最初的球所在处靠后的地点打了暂定球，却错打了其他球员的球，之后，因为最初的球在界内被发现，又继续以该球比赛。

处罚：加罚 2 杆。

说明：通常对暂定球的处罚在暂定球放弃时取消（出界等），但在打错球时的处罚作为特殊情况不能取消，此时在用最初的球打完本洞时的分数上追加 2 杆的处罚。

3. 状况：打错的球出界。

处罚：加罚 2 杆。

说明：因为打错球的杆数不予计算，所以出界的罚杆自然也不予计算，加罚的杆只是对打错球的处罚，如果不重新打正确的球的话，则取消比赛资格。

4. 状况：做练习挥杆（空挥杆）时，不小心用杆头触到球使球移动。

处罚：加罚 1 杆。

说明：使用中球不得移动。须将球重放置回原位置打球，如果不重放置回原位置而打球则合计加罚 2 杆。

5. 状况：在做击球准备时，总是两足并立，将球杆头置于球的后面地面，然后将两足开立至肩宽宽度后打球，以这个顺序做击球准备将杆头置于球后面地面，但击球准备还没有做完球移动了。

处罚：加罚 1 杆。

说明：因为击球准备尚未完成，不成为击球准备后的移动球，但被视为是使移动的原因时，加罚 1 杆。移动后的球必须重新放置回原位置。

6. 状况：击球准备完成后球移动。

处罚：加罚 1 杆。

说明：击球准备被视为球移动的原因时，加罚 1 杆后从球的停止位置打球，移动的球进入界外区（或水障碍）则必须按出界（或水障碍）处置。

7. 状况：将要打球的瞬间球移动，就这样打了移动中的球。

处罚：加罚 1 杆。

说明：打了移动球通常要加罚 2 杆，但在已经挥杆之后移动的球打了也不受罚，但不能免除“击球准备后的球移动”的处罚。

8. 状况：去除球附近的枯枝（非固定障碍物 Loose Impediment）时球移动。

处罚：加罚 1 杆。

说明：去除 1 球杆范围以内的散置障碍物后球移动的场合，加罚 1 杆。将球重放置回原位置后打球。

9. 状况：球被自己的球童误踢了。

处罚：加罚 1 杆。

说明：即使是误踢也要加罚1杆，自己的球童与本人同等对待，须将球重新放置回原位置。

10. 状况：自己的球童误踢了同伴比赛者的球。

处罚：不受处罚。

说明：因为是被局外者移动的球，被移动的球须重新放置回原位置而不受处罚。但是若此球童为与同伴比赛者共用的球童时，同伴比赛者要被加罚1杆。

11. 状况：球被自己的球童拿起。

处罚：加罚1杆。

说明：不论是故意还是偶然，除规则允许的场合外不得拿起球，须将球重放置回原来的位置。

三、障碍区内的判例

1. 状况：球被埋在沙坑内的沙中，因无法确定是否是自己的球而将球拿起。

处罚：加罚1杆。

说明：以能看到球的一部分为限度，球手可以把球上的沙除去，但不得将球拿起。

2. 状况：球手去除沙坑内的树枝时，球被移动。

处罚：加罚3杆。

说明：因触动沙坑内的散置障碍物，应加罚2杆；又移动了球，需再加罚1杆，且必须重新将该球放回原位。

3. 状况：准备击球时或做挥杆过程中，杆头触到了沙或水面。

处罚：加罚2杆。

说明：在沙坑和水障碍中，打球之前球杆接触地面或水面为违反规则行为，但是在打球前不慎跌倒，即使手或球杆触到沙面或水面，依照公正的原则，不予处罚。

4. 状况：在沙坑内打球后，因为球未出沙坑而气愤，以球杆砸击了沙坑内的地面。

处罚：加罚 2 杆。

说明：用杆头砸击地面被视为测试行为。

5. 状况：球手在沙坑内站位时，移动了球。

处罚：加罚 1 杆。

说明：在障碍区内站位被视为做击球准备，此时球移动要受处罚。必须从球停止的地方继续打球。

6. 状况：在将要打下一洞时，因前组球手尚未发球，于是在练习场做沙坑击球练习。

处罚：加罚 2 杆。

说明：在两洞之间禁止进行障碍内的练习，在练习场的沙坑内进行练习也被禁止。

7. 状况：球陷入水障碍内的地面中，因无法识别是否是自己的球而将其拿起。

处罚：加罚 1 杆。

说明：球手未打球时，没有必须看到球的权利，而且在障碍区内打球也不受罚，因而没有必要确认是否是自己的球，所以不允许为识别球而将球拿起。这与在果岭通道陷入泥中将球拿起而不受处罚不同。

8. 状况：打球前将水障碍内的落叶去除。

处罚：加罚 2 杆。

说明：除了为确认球的所在以外，不得触及或移动在障碍内的散置障碍物。

9. 状况：球进入水障碍内无法打。

处罚：加罚 1 杆。

说明：从球无法打时开始给予处罚，可选择以下两种方法其中之一：(1) 返回原位置抛球后继续打球（在发球区上时可以架球）；(2) 在球最后越过障碍界线处与球洞连线的后方抛球后继续打球。

10. 状况：球进入侧面水障碍无法打。

处罚：加罚 1 杆。

说明：可以选择以下三种处理方法其中之一：(1) 在球最后越过水障碍界线处（或距球洞与该处等距离的障碍对岸的界线上的两球杆范围以内，不靠近球洞的位置）抛球后继续打球；(2) 返回原位置抛球后，继续打球（发球区可以架球）；(3) 在球最后越过水障碍界线处与球洞连线后方抛球后，继续打球（无距离限制）。

11. 状况：在高草区内打球，进入顺势摆动动作时，球杆又一次碰到球。

处罚：加罚 1 杆。

说明：此情形成为两次击球。在一次击球中，球杆两次打到球时，在一次打球中加罚 1 杆。如果该次打球为第 2 杆时，则下一杆为第 4 杆。

12. 状况：从高草区打出的球碰到了自己的身体。

处罚：加罚 2 杆。

说明：从球的停止位置继续打球。球碰到自己的球童、携带品时也采用相同方法处置。

13. 状况：在认为球所在的地方没有找到球，于是在认为球遗失的地方抛球后继续打球。

处罚：加罚 2 杆或取消比赛资格。

说明：遗失球加罚 1 杆后，必须在尽量接近最后打球处打球，如果违反该规则加罚 2 杆（遗失球的处罚另外附加）。因为这是重大违反规则行为，如不纠正则取消比赛资格。

14. 状况：在树林中做击球准备时，因背后的树枝妨碍挥杆而用脚踩住树枝击球。

处罚：加罚 2 杆。

说明：此行为构成有意改善挥杆区域的行为。球手没有被赋予在任何场合都可以要求能够采取正常站位和正常挥杆的权利。

15. 状况：球陷入高草区的柔软地面内，拿起球后抛球。

处罚：加罚 1 杆。

说明：在短草区域，可以拿起陷入地面的球，而不受处罚，但仅限于球道上。在该事例中，必须加罚 1 杆后，重新放置球。

四、球洞区内的判例

1. 状况：在果岭上，球手未做标记将球拿起。

处罚：加罚 1 杆。

说明：在拿起必须重新放置回原位的球时，必须做标记。

2. 状况：在果岭上打的球，碰到停在果岭上的同伴比赛者的球。

处罚：加罚 2 杆。

说明：在果岭上打的球与从果岭外打的球不同，打球的一方受处罚后在球的停止位置打球，被碰到的球要重新放置回原来位置。

3. 状况：在果岭上推击球后，球似乎有进洞的可能，自己的球童急忙跑到洞旁将旗杆拿起。

处罚：加罚 2 杆。

说明：球手推击球前球童未照管旗杆，在球的运动过程中不能照管和拔除旗杆。但拔旗的人若是同伴比赛者或其球童时，则该同伴比赛者被加罚 2 杆，打球的球手不受处罚。在此事例中，不属于打球者的共同球童拔了旗杆时，雇用该球童的全体球手要被加罚 2 杆。

4. 状况：同伴比赛者的球正在果岭上滚动，球手将自己的球做标记后拿起。

处罚：加罚 2 杆。

说明：在果岭上打出的球在运动过程中，其他球手不得碰触和击打自己的球。

5. 状况：同伴比赛者推击的球有碰到放在果岭上旗杆的可能，为其将旗杆拿起。

处罚：加罚 2 杆。

说明：同伴比赛者的球在运动过程中，为其将打球线上的障碍物去除，要被加罚 2 杆，但同伴比赛者不受处罚。

6. 状况：球碰到照管旗杆的球童的脚后进洞。

处罚：加罚 2 杆。

说明：球碰到照管旗杆的球童或其所携物品时，该球童的球手要受罚。由于该场合要在球停止处打下一杆，所以球进洞被认可。

7. 状况：因为同伴比赛者宣布下一杆可以免除，而将球拿起。

处罚：加罚 1 杆或取消比赛资格。

说明：在比杆赛中必须履行击球入洞的原则，对不做标记而将球拿起的行为加罚 1 杆后，将球重新放回原位置继续打球。

球手不遵守击球进洞原则，而在下一洞发球区、最后一洞离开果岭发球后，被取消比赛资格。

8. 状况：推击线上有落叶而用帽子或毛巾将其扫除。

处罚：加罚 2 杆。

说明：虽然规则允许使用手或球杆去除散置障碍物，但未允许使用帽子和毛巾。

9. 状况：球手修整了上推击线上因钉鞋造成的痕迹。

处罚：加罚 2 杆。

说明：在打球前不得修整推击线上因钉鞋造成的划痕，应在离开果岭时进行修整。

10. 状况：位于果岭上的球与球洞之间的果岭上有临时积水，球手的球童将其进行擦拭。

处罚：加罚 2 杆。

说明：该行为对于球的运动产生影响，成为处罚对象。该情况下，可以接受对临时积水的补救，而不受处罚。

11. 状况：欲将做标记后拿起的球交给球童擦拭。将球抛出后，球从果岭表面滚向自己的球童。

处罚：加罚 2 杆。

说明：有测试果岭表面的意图属于事实问题。在同一果岭上使球滚动，将其交给球童的行为，被视为有测试果岭表面意图的行为。

12. 状况：球停在球洞附近，同伴比赛者认为自己的球可能对他人打球有援助，而宣称要将球拿起。但某球手认为在现状态对自己有利，而在同伴比赛者拿起球之前打了球，并且碰到了同伴比赛者的球。

处罚：取消比赛资格。

说明：拒绝服从规则要被取消比赛资格。

13. 状况：要求球停在果岭附近的同伴比赛者不做标记将球保持现状，自己从果岭外打了球。

处罚：取消双方比赛资格。

说明：要求同伴比赛者不将球拿起，被认为是该球手判断同伴比赛者的球有援助自己打球的可能；而服从这样有援助可能的要求，被视为是双方协商排除规则的行为，因此双方都被取消比赛资格。

14. 状况：为了擦球而将球投给球童，球童没有接住球而使球落入水池中无法取回，无奈以其他球打完该洞。

处罚：取消比赛资格或加罚 2 杆。

说明：构成以错球打完一洞的行为，取消比赛资格。但是如果竞赛委员会认可其为例外情况下，可以减轻至加罚 2 杆。

15. 状况：误将自己的球放在同伴比赛者做的标记处打了球。

处罚：加罚 2 杆。

说明：因为是在错误的地方打球，所以加罚 2 杆后，在球停止的位置继续打球。

16. 状况：在推击球之前，在自己的推击线上行走。

处罚：不受处罚或加罚 2 杆。

说明：由于不留意而误踩了自己的推杆出线时，因没有构成改善推击路线的行为而不受罚。但在推击线上行走，以测试果岭表面、改善推击线等为目的，要被加罚 2 杆。

17. 状况：球童站在推击线的延长线上，球手打了球。

处罚：不受处罚或加罚 2 杆。

说明：打球时如果让自己的球童站在推击线的延长线上或其附近，就构成了违反规则行为。但球童偶然站在上述位置时，不受处罚。

18. 状况：推击球后，球悬在洞边静止，等待了片刻。

处罚：不受处罚或加罚 2 杆。

说明：允许球迟缓地滚向洞口，可等待 10 秒钟。但过长花费时间或等待 10 秒钟以上要被加罚 2 杆。另外用杆头敲击球后方的地面，也要被加罚 2 杆。

19. 状况：球进入球洞后，发现该球是错球。

处罚：加罚 2 杆或取消比赛资格。

说明：返回打错球的地方，寻找自己正确的球，以该球打球，打错球的杆数不计。如果打错球的地点在打第 2 杆处时，下一杆为第 4 杆。在自己的正确球找不到时，必须采取遗失球的处置。未履行对打错球的校正的场合，在下一洞发球区上打了球，最后一洞离开果岭时，即取消比赛资格。

20. 状况：在提交给竞赛委员会的记分卡中，某洞的分数少于实际的杆数。

处罚：取消比赛资格。

说明：球手必须对各洞所记录的分数负责，提交了较实际成绩少的杆数要被取消比赛资格。但提交的分数多于实际杆数时，该杆分数被原封不动地采用，不取消比赛资格。

21. 状况：提交的记分卡没有记分员或球手本人的署名。

处罚：取消比赛资格。

说明：在记分卡上，必须有记分员的署名和球手自己的署名，缺任何一方的署名则该记分卡无效。

附录一 世界著名高尔夫球俱乐部

一、高尔夫球的圣地——英国圣安德鲁斯皇家古老俱乐部

圣安德鲁斯是苏格兰历史上最著名的城镇之一，拥有着举世闻名的高尔夫球俱乐部—— 英国圣安德鲁斯皇家古老高尔夫球俱乐部。1754 年 5 月 14 日诞生的“圣安德鲁斯高尔夫球手协会”是该俱乐部的前身。10 年后，俱乐部成员将 22 洞减至当时普遍流行的标准 18 洞。

现行的高尔夫球的规则均源于此。1897 年起，英国圣安德鲁斯皇家古老高尔夫球俱乐部成为公认的规则制定者与解释者，一个由 12 人组成的规则委员会中有 10 人为该俱乐部会员。该委员会权力极大，除了美国高尔夫球协会外，其他人没有实际的发言权。

俱乐部会所建于 1854 年，此前的 1834 年，英王威廉四世已批准俱乐部冠以“皇家”字样。

二、球场中的极品——美国奥古斯塔国家高尔夫球俱乐部

奥古斯塔国家高尔夫球俱乐部是一座在全世界享有盛誉的高尔夫球场，同时也是高坛最精彩的四大赛事之一“美国名人赛”的固定比赛地。它位于南卡罗莱纳边境附近的一个山谷内，气候温和，高度在海拔 300 米以上，占地 3 650 000 平方米。先前留下的许多树木和灌木丛使得其风景依然独好，一条玉兰树遮护的林荫大道直通古老的殖民时期建筑，形成了如今奥古斯塔国家高尔夫球俱乐部中心的格局。全年气候温暖怡人的乔治亚州拥有着长且清凉澄澈的鳟鱼溪，在数十座天然与人工湖面上可从事不同的水上活动，一年到头都可以打高尔夫球。

三、非洲最好的球场——凡考特酒店乡村俱乐部

凡考特是唯一被列入南非“世界著名高尔夫胜地”的国家级高尔夫场。2003 年美国“总统杯”高尔夫球大赛在此举行，这是“总统杯”第一次在美国以外的国家举行。除此之外，女子世界杯比赛、南非公开赛、BMW 杯国际高尔夫巡回赛世界决赛等重要赛事都选择在这里举办。

凡考特乡村俱乐部内设两个 18 洞标准高尔夫球场，供入住酒店的游客和高尔夫球俱乐部会员使用。第三个高尔夫球场，即“Links”球场则专供来访的高尔夫球爱好者使用。

这个 18 洞高尔夫球场对高尔夫球爱好者具有莫大的吸引力，因为在这里他们可以享受到在临近海岸的球场上尽情挥杆

击球的快乐。

四、澳大利亚球场之冠——墨尔本皇家高尔夫球俱乐部

成立于1891年的墨尔本皇家高尔夫球俱乐部是澳大利亚最古老的俱乐部，同时也是澳大利亚最好的球场，在高尔夫球界享有尊崇的地位。

在澳大利亚打高尔夫球的价格相当便宜，打高尔夫球对于当地人来说是一项很寻常的运动，只不过球场没有球童。作为澳大利亚的代表动物——袋鼠在球场随处可见，它们在林子里蹦蹦跳跳，非常有趣。偶尔有顽皮的袋鼠会追赶地上滚动的球，就像一个小球童。在高尔夫球场里放养袋鼠，这恐怕在其他的球场很难见到。

附录二 中国高尔夫球俱乐部

一、北京国际高尔夫球俱乐部

北京国际高尔夫球俱乐部成立于1986年，位于北京市昌平区。这是北京市第一家高尔夫球俱乐部。球场全长6991码(约6392米)，18洞，标准72杆，堪称国际标准锦标赛球场。俱乐部环境优雅，设施齐全，有宾馆、餐厅、西餐厅、更衣沐浴间、球具专卖店以及高尔夫球练习场，是周末休闲的理想去处。

二、深圳观澜湖高尔夫球场

深圳观澜湖高尔夫球场是亚洲最大的高尔夫球场，位于广东省深圳市，占地面积近20平方千米，共有12锦标级218洞。球场的每个球道都有黑、金、蓝、白、红五个发球台，分别适合职业、高级业余、业余、初学者和女士。尤其是入选“全球500最佳球洞”的第七洞，被称作“魔鬼洞”，让球手乐此不疲。

三、北京华彬高尔夫俱乐部

北京华彬高尔夫俱乐部位于北京市昌平区，球场拥有两个18洞国际锦标赛球场和一个9洞灯光球场，总长7065码（约6460米）。球场设计师是“世纪球王”杰克·尼克劳斯，他依据日照、风向、季节等气候因素的变化而设计出每一个球道，将怡情美景与起伏舒缓的球场完美结合在一起。“金熊球场”的唯美、秀气，“尼克劳斯球场”的粗犷雄浑，无不激发着球手们打球的热情。

四、昆明春城湖畔高尔夫球场

春城湖畔高尔夫球场被称作“亚洲高尔夫天堂”，坐落于清澈迷人的昆明阳宗海湖畔，这里的第18洞被评选为“全球500最佳球洞”之一，球道总长14657码，有32洞，144杆。球场充分利用高低起伏的自然地势，以周边山形和高耸果岭与开球区创造机会，让球手们的高尔夫球艺发挥得淋漓尽致。